Raum und Finanzen 3
Finanzpolitik und Landesentwicklung

VERÖFFENTLICHUNGEN
DER AKADEMIE FÜR RAUMFORSCHUNG UND LANDESPLANUNG

Forschungs- und Sitzungsberichte
Band 84
Raum und Finanzen 3

Finanzpolitik und Landesentwicklung

Forschungsberichte des Ausschusses „Raum und Finanzen"
der Akademie für Raumforschung und Landesplanung

GEBRÜDER JÄNECKE VERLAG · HANNOVER · 1972

Zu den Autoren dieses Bandes

Heinrich Hunke, Prof. Dr., 69, Ministerialdirektor a. D., ist Leiter des Forschungsausschusses „Raum und Finanzen", Ordentliches Mitglied und Vizepräsident der Akademie für Raumforschung und Landesplanung.

Gerhard Isenberg, Prof. Dr. rer. pol., 70, Ministerialrat a. D., ist Ordentliches Mitglied der Akademie für Raumforschung und Landesplanung.

Wolfgang Albert, Dr. rer. pol., Dipl.-Volkswirt, 42, ist Ministerialrat und Leiter des Referats „Regionale Wirtschaftspolitik" im Bundesministerium für Wirtschaft und Finanzen in Bonn.

Bruno Weinberger, Dr. jur., 52, ist Geschäftsführendes Präsidialmitglied des Deutschen Städtetages und Korrespondierendes Mitglied der Akademie für Raumforschung und Landesplanung.

Otto Barbarino, Prof. Dr. oec. publ., 67, Ministerialdirektor a. D., ist Korrespondierendes Mitglied der Akademie für Raumforschung und Landesplanung.

Willi Hüfner, Dr. rer. pol., 64, ist Ministerialdirektor beim Hessischen Ministerpräsidenten — Staatskanzlei — und Ordentliches Mitglied der Akademie für Raumforschung und Landesplanung.

Reimut Jochimsen, Prof. Dr. rer. pol., 39, ist Direktor des Instituts für Regionalforschung, seit 1. 3. 1970 Leiter der Planungsabteilung des Bundeskanzleramtes, Bonn, und Korrespondierendes Mitglied der Akademie für Raumforschung und Landesplanung.

ISBN 3 7792 5068 3
Alle Rechte vorbehalten · Gebrüder Jänecke Verlag Hannover · 1972
Gesamtherstellung: Druckerei Gustav Piepenbrink OHG, Hannover
Auslieferung durch den Verlag

INHALTSVERZEICHNIS

		Seite
	Vorwort	VII
Heinrich Hunke, Hannover	Bemerkungen zu einer Finanzpolitik mit raumwirtschaftlichen Zielen	1
Gerhard Isenberg, Bonn	Finanzverfassung und Stufung nach dem räumlichen Wirkungsbereich	9
Wolfgang Albert, Bonn	Wirtschaftsförderung als Regionalpolitik	21
Bruno Weinberger, Köln	Die Lokalfinanzmasse als Ordnungsfinanz	27
Otto Barbarino, München	Raumordnungsaspekte in der kommunalen Finanzreform und im Finanzausgleich	33
Willi Hüfner, Wiesbaden	Ein System integrierter Entwicklungsplanung und Raumordnung	49
Reimut Jochimsen, Bonn-Kiel	Planung der Aufgabenplanung	61

Mitglieder des Forschungsausschusses „Raum und Finanzen"

Prof. Dr. Heinrich Hunke, Hannover, Vorsitzender
Dr. Dr. Friedrich Schneppe, Hannover, Geschäftsführer
Prof. Dr. Otto Barbarino, München
Dr. Christoph Becker, Berlin
Dr. Egon Dheus, München
Dr. Bruno Dietrichs, Bonn
Prof. Dr. Willi Guthsmuths, München
Prof. Dr. Gerhard Isenberg, Bonn
Dr. Arno Schröder, Hannover
Dr. Josef Sieber, München-Grünwald
Prof. Dr. Rainer Thoss, Münster
Dr. Josef Wirnshofer, München-Gräfelfing
Prof. Dr. Horst Zimmermann, Marburg

Der Forschungsausschuß stellt sich als Ganzes seine Aufgaben und Themen und diskutiert die einzelnen Beiträge mit den Autoren. Die wissenschaftliche Verantwortung für jeden Beitrag trägt der Autor allein.

Zur Einführung

Der Forschungsausschuß „Raum und Finanzen" legt in dieser Veröffentlichung eine Sammlung von Referaten vor, die in der Zeit von 1969 bis 1971 auf seinen Sitzungen gehalten wurden.

Es handelt sich um ausgewählte Beiträge zu wichtigen Fragestellungen der regionalen Finanzpolitik im Dienste der Landesentwicklung und der Raumplanung, die hinsichtlich Themenwahl, Klarstellung größerer Zusammenhänge und Akzentuierung ihrer Aussage über den Fachbereich des Forschungsausschusses hinaus Beachtung verdienen. Da sie in keiner sonstigen Veröffentlichung des Forschungsausschusses erscheinen können, werden sie in den Forschungs- und Sitzungsberichten gesammelt herausgegeben.

Die Diskussionsbemerkungen werden in weiteren Veröffentlichungen ihren Niederschlag finden. Von einer Wiedergabe im Rahmen dieses Berichtes wurde daher abgesehen.

Bemerkungen
zu einer Finanzpolitik mit raumwirtschaftlichen Zielen

— Aus dem Vortrag auf der konstituierenden Sitzung des Forschungsausschusses
Raum und Finanzen am 24. 7. 1969 in München —

von

Heinrich Hunke, Hannover

I.

Am Beginn einer Raumordnungsdiskussion wird man sich zweckmäßigerweise daran erinnern, daß Raumordnungsvorstellungen in der Regel durch außerökonomische Motive begründet, jedenfalls nicht generell an der Zielsetzung der Sozialproduktmaximierung orientiert sind. Das ist nicht verwunderlich, weil der Raumordnungsgedanke im wesentlichen einer außerwirtschaftlichen Welt entstammt und das Ziel verfolgt, „ungesunde" Begleiterscheinungen der wirtschaftlichen Entwicklung zu beseitigen. Dabei sind zwei Ansätze zu beobachten: Man versucht, entweder ein ideales Bündel kollektiver Wünsche zu realisieren, d. h. zu finanzieren, oder man verfolgt das Ziel, den liberalen Harmoniegedanken des frühen 19. Jh. durch die „bessere Einsicht" der Planung zu ersetzen.

Andererseits läßt sich nicht leugnen, daß in der industriellen Gesellschaft eine bestimmte räumliche Ordnung immer das Ergebnis der im Raum wirksamen, insbesondere wirtschaftlichen Faktoren darstellt, und daß es also für die Raumordnungspolitik darauf ankommt, die wirtschaftlichen Vorgänge in den Regionen und Kreisen so zu analysieren, daß alle raumwirksamen Faktoren wie in einer Gleichung in Vorteilen und Belastungen und ebenso die finanziellen Impulse mit brauchbarer Genauigkeit transparent und in die Zukunft projiziert werden können. In diesem Zusammenhang sind die im Rahmen der Finanzpolitik gegebenen Impulse und Zwänge von entscheidender Bedeutung.

Raumordnung ist in diesem Sinne — vereinfacht formuliert — ein determiniertes System von zwei Regelkreisen, das in seinem Zusammenspiel und in seiner Entwicklung von den privaten Aktivitäten („dem Markt") und den öffentlichen Aktivitäten (den öffentlichen Haushalten) bestimmt wird und in dem beide einander mit der Verfügungsmacht über Finanzierungsmittel begegnen, Finanzierungsmittel, die zugleich Wirtschaftsrechnung, standörtliche Effizienz und stufenlose Regulierung der Zusammenarbeit bedeuten.

Das Erkennen dieser Zusammenhänge in der Interferenzzone zwischen ökonomischen und finanzpolitischen Strategien ist die Aufgabe der regionalen Finanzforschung.

II.

Das Erkennen der Zusammenhänge zwischen den beiden Regelkreisen der privaten und öffentlichen Aktivitäten und der Einwirkung auf sie ist bisher in zwei Abschnitten verlaufen.

Im ersten Abschnitt wurde erstmalig eine qualitative Parallelität zwischen raumwirksamen Elementen und Finanzierungsvorgängen in den öffentlichen Haushalten sichtbar. Im übrigen standen aber in der Finanzwissenschaft die öffentlichen Haushalte doch „mehr als Erfordernis eines besonderen Staatsapparates", denn als „von dominativem und determinativem Belang" für die privaten Haushalte und Unternehmen im Vordergrund des Interesses, wenn auch der Finanzwissenschaft aus der Finanzausgleichsdiskussion heraus räumliche Zusammenhänge nicht fremd waren.

RITSCHL hat als erster 1927 die örtlichen Verschiedenheiten der Steuer- und Soziallasten als Standortfaktor hervorgehoben[1]), 1928 veröffentlichte das Statistische Reichsamt seine Steuerbelastungs-Vergleiche[2]), und 1932 stellte GÖTZ BRIEFS bei der Untersuchung des Problems der Revierbildung die Tatsache fest, daß diese industrielle Konzentration zusätzliche öffentliche Kosten verursacht. Bei ihm steht der Satz: „Die Überwälzung von bestimmten umfangreichen Kostenelementen auf die öffentliche Hand, ihr Auffangen hier durch Steuermittel, die zum großen Teil von anderen wirtschaftlichen Gruppen getragen werden müssen, erleichtert den Entschluß zur Konzentration der Industrie"[3]).

Die deutsche und die US-amerikanische Wirtschaftspolitik haben dann in den 30er Jahren die gesamtwirtschaftlichen Zusammenhänge zwischen den öffentlichen Haushalten und der Vollbeschäftigung in den Mittelpunkt ihrer Bemühungen gestellt, so daß die additive und substitutive Bedeutung der Staatsausgaben seither zu den klassischen Annahmen der Nationalökonomie und der Finanzwissenschaft gehört, gleichzeitig sind aber die Probleme des steuerlichen Mittelentzugs und der öffentlichen Mittelverwendung in ihrem räumlichen Bezug in den Hintergrund gedrängt worden.

1957 veröffentlichte GERHARD ISENBERG einen Aufsatz über die Zusammenhänge zwischen regionalem Wohlstand, Raumordnung und Finanzausgleich auf der Basis des Jahres 1954 und formulierte seine Ansicht dahin, „daß der Finanzausgleich ... von allen Maßnahmen diejenige ist, die auf die regionale Verteilung der Bevölkerung und ihres Wohlstandes den mit weitem Abstand größten Einfluß ausübt. Ohne Finanzausgleich würde die soziographische Landkarte Deutschlands anders aussehen." Er beendet diese Aussage mit dem lapidaren Satz: „Der Finanzausgleich steht demnach unter den raumbedeutsamen Maßnahmen an erster Stelle"[4]).

ISENBERG hat seine Ergebnisse später für das Jahr 1958 dahin präzisiert, daß „der umgeschichtete Betrag von 4 Mrd. in den Empfangsländern zu einem Sozialprodukt von rd. 7,6 Mrd. DM auswachsen (müßte). Das gesamte Sozialprodukt (netto zu Faktorkosten) beträgt in den Empfangsländern im Jahre 1958 annähernd 60 Mrd. DM, dem stehen

---

[1]) H. RITSCHL: Reine und historische Dynamik des Standortes der Erzeugungszweige. In: Schmollers Jahrbuch, 51. Jg., 1927, Nr. 6, S. 841.

[2]) Besteuerung und Rentabilität gewerblicher Unternehmungen. Berlin 1928. Einzelschriften Nr. 4.

[3]) G. BRIEFS: Revierbildung und provinzielle Streuung der Industrie. In: Archiv für Sozialwissenschaften und Sozialpolitik, 67 Jg. 1932, S. 29—52.

[4]) G. ISENBERG: Regionale Wohlstandsunterschiede, Finanzausgleich und Raumordnung. In: Finanzarchiv N. F., Bd. 17 (1956/57), S. 76 ff.

7,6 Mrd. DM als Zuflüsse aus dem Finanzausgleich gegenüber, das sind rd. 13 %... Den aktiven Ländern geht ein gleich großer Betrag verloren... Der Verlust dürfte etwa 6—9 % des Sozialprodukts betragen"[5]).

1958 wies LITTMANN darauf hin, daß „eine bloße Ablehnung der regionalen Verteilung der staatlichen Aktivitäten nach dem örtlichen Steueraufkommen nicht ausreichend (ist), um eine andere Verteilung der Steuermittel als „besser zu rechtfertigen" und stellte das raumpolitische Ziel in seinen verschiedenen Finanzschlüsseln zur Diskussion[6]).

HUNKE hat 1960 das Problem des finanziellen Transfers zwischen den Wirtschaftsräumen in einer Studie über die öffentlichen Investitionen untersucht und unter Berufung auf PREDÖHL die Zahlungsbilanzprobleme zwischen allen räumlichen Abschnitten der Wirtschaft als den archimedischen Punkt der Raumforschung bezeichnet[7]) und anschließend eine Regionalbilanz für Niedersachsen vorgelegt[8]). Diese Untersuchung über „Finanzausgleich und Landesentwicklung" enthält ein besonderes Kapitel „Bemerkungen zum Problem der raumwirtschaftlichen Wirkungen und Ziele der Finanzpolitik". Sie unterstreicht die LITTMANNsche Forderung: „Was wir vornehmlich benötigen, ist keine Deskription der Figuren aller denkbaren Beziehungen zwischen den Finanzgewalten, sondern eine Theorie ihrer wirtschaftlichen Auswirkungen".

Auf der Tagung des Vereins für Socialpolitik aus Anlaß der 175. Wiederkehr des Geburtstages von JOHANN HEINRICH VON THÜNEN 1958 gab GIERSCH „einen umfassenden Überblick über die Probleme der regionalen Einkommensverteilung", und KONRAD LITTMANN sprach in der Generaldiskussion über „die Auswirkungen der Staatstätigkeit auf die regionale Einkommensverteilung", wobei er die Effekte der öffentlichen Ausgaben als externe Ersparnisse der privaten Unternehmen und Haushalte bzw. als reale Einkommenserhöhungen ansprach und zu den Steuern als reale Einkommensminderungen in Beziehung setzte. Den Überschuß der externen Ersparnisse bezeichnete LITTMANN als sozialen Gewinn, ein Defizit als sozialen Verlust einer Region[9]).

RECKTENWALDT veröffentlichte 1962 eine Untersuchung über die Entwicklung der öffentlichen Ausgaben; darin findet sich ein besonders interessantes Kapitel mit der Überschrift „Verschiebung der Staatsausgaben aus ökonomischen Gesichtspunkten"[10]).

Es sind anschließend noch zwei Arbeiten zu nennen, die die Bedeutung der staatlichen Aktivitäten durch Staatshilfen für die Landwirtschaft[11]) und die Bedeutung der öffentlichen Auftragsvergabe[12]) als Ansatz für regionale Untersuchungen wählten. Gleichzeitig

---

[5]) G. ISENBERG: Finanzausgleich und Raumordnung. In: Raumforschung, Bremen 1960, S. 484 f.
[6]) K. LITTMANN: Raumwirtschaftliche Auswirkungen der Finanzpolitik. In: Finanzarchiv N. F. 19 (1958/59), S. 368 f.
[7]) H. HUNKE: Investitionen als Instrument der Landesentwicklung. In: Raumforschung, 25 Jahre Raumforschung in Deutschland, Bremen 1960, S. 489 f.
[8]) H. HUNKE: Finanzausgleich und Landesentwicklung — Untersuchung des finanziellen Zusammenwirkens von Bund und Ländern mit einer Regionalbilanz für Niedersachsen. Abhandlungen der Akademie für Raumforschung und Landesplanung, Bd. 40, Hannover 1962.
[9]) In: Probleme des räumlichen Gleichgewichts in der Wirtschaftswissenschaft. Schriften d. Vereins f. Soc.-Politik, N. F. Bd. 14, Berlin 1959.
[10]) H. CL. RECKTENWALDT: Die Entwicklung der öffentlichen Ausgaben. In: Wandlungen der Wirtschaftsstruktur in der Bundesrepublik Deutschland, Schriften d. Vereins f. Soc.-Politik, N. F. Bd. 26, Berlin 1962.
[11]) K. H. HANSMEYER: Finanzielle Staatshilfen für die Landwirtschaft. Tübingen 1963.
[12]) H. ZIMMERMANN u. H. D. KLINGEMANN: The Regional Impact of Defense Purchases in the Federal Republic of Germany. Wien 1966. (Inzwischen ist erschienen: H. ZIMMERMANN: Öffentliche Ausgaben und regionale Wirtschaftsentwicklung. Basel und Tübingen 1970).

führte MARX den Vergleich Faktoraufwand in Gestalt öffentlicher Grundleistungen im Verhältnis zum industriellen Output in das regionalpolitische Instrumentarium ein[13]).

Das Ende dieses Zeitabschnittes bilden etwa die Veröffentlichung des Vereins für Socialpolitik „Kommunale Finanzen und Finanzausgleich"[14]) und der Bericht über die Wissenschaftliche Plenarsitzung der Akademie für Raumforschung und Landesplanung in Berlin 1963 mit dem Thema „Finanzpolitik und Raumordnung"[15]). Spätestens zu diesem Zeitpunkt war evident geworden, daß jede Raumordnungsintervention an spezifische finanzpolitische Instrumente gebunden ist.

Die Hauptprobleme aber mit den Fragen nach den Ursachen der unterschiedlichen regionalen Entwicklung („Werden die Wandlungen der Produktionsfaktoren von den absoluten und relativen Faktorpreisen oder vom personellen Einkommen bestimmt?"), nach dem unterschiedlichen Effekt einzelner finanzwirtschaftlicher Ströme und nach dem quantitativen Zusammenhang zwischen dem öffentlichen und privaten Regelkreis blieben weiterhin offen.

III.

Inzwischen war es der Raumordnungspolitik gelungen, die staatliche Finanzpolitik in die regionale Raumordnungsintervention einzuschalten, und der zweite Abschnitt der Beziehungen zwischen Finanzpolitik und Regionalpolitik könnte als das Versuchsstadium finanzieller Raumordnungsintervention überschrieben werden.

In diesem Abschnitt werden in der Raumordnungspolitik regionale Strukturpolitik, Infrastrukturpolitik und das Leitbild gleicher Versorgung angesteuert, und mit ihnen korrespondieren in der regionalen Finanzpolitik Wirtschaftsförderung durch Finanzierungshilfen, Finanzausgleich und Finanzzuweisungen im öffentlichen Bereich und steigende Finanzierung der Sozialkosten über die öffentlichen Haushalte.

Die regionale Strukturpolitik ist wahrscheinlich die älteste Raumordnungskonzeption. Sie wird heute auf allen Stufen der Verwaltung und von supranationalen Institutionen über Staatsgebiete hinweg betrieben. Es sind eigene Wirtschaftsförderungsgesellschaften für Länder und Kreise entstanden, und ihre Einflüsse auf die Wirtschaftsentwicklung sind so zahlreich und vielgestaltig, daß sie kaum zu überblicken sind. Im letzten sind aber alle diese Bemühungen Stückwerk geblieben, und die regionale Strukturpolitik ist nach wie vor problematisch. Andererseits werden staatliche Finanzhilfen immer ein legitimes Mittel der Wirtschaftförderung sein. Mit Recht fordert der Sachverständigenrat im Jahresgutachten 1968 die Verwirklichung einer regionalpolitischen Konzeption, „in der die Funktionen der Verdichtungsräume, der mittleren Zentren sowie der ländlichen Gebiete so berücksichtigt sind, daß auf Grund der marktwirtschaftlichen Kräfte und des Strebens der regionalen Instanzen ein Zusammenspiel entsteht, das auf längere Sicht eine ausgewogene Entwicklung ohne Subventionen ermöglicht." In diesem Zusammenhang verdient aus grundsätzlichen Erwägungen ein Vorschlag von RAINER THOSS Beachtung, der unter dem Titel „Ein Vorschlag zur Koordinierung der Regionalpolitik in einer wach-

---

[13]) D. MARX: Regionale Produktivitätsmessung als Ansatz überregionaler Raumordnungspolitik. In: Jahrbuch f. Sozialwissenschaft, Bd. 14. 1963, H. 3, S. 414 ff.
[14]) In: Schriften d. Vereins f. Soc.-Politik, N. F. Bd. 32, Berlin 1964.
[15]) Forschungs- und Sitzungsberichte der Akademie für Raumforschung u. Landesplanung, Bd. XXVIII, Hannover 1964.

senden Wirtschaft" eine Auswahl von Entwicklungsalternativen empfiehlt, „die gemeinsam zur Maximierung des Sozialprodukts der Gesamtvolkswirtschaft führen"[16]).

Die Infrastrukturpolitik ist das moderne Kleid der Raumordnung geworden, das allen Regionen zugedacht wird, ob sie reich oder arm sind. Das Leitbild gleicher Versorgung, aus dem sich die Infrastrukturpolitik weitgehend orientiert, reicht aber in einigen Forderungen noch weiter bis zum vollen Wohlstandsausgleich für benachteiligte Gebiete. Zugleich wird immer deutlicher, daß die mit ihnen korrespondierenden Finanzoperationen — Finanzausgleich und Übernahme weiterer Sozialkosten in die öffentlichen Haushalte — raumordnungspolitisch je nach dem Leistungsstand der Regionen — ob Problemgebiete oder Verdichtungszonen — von ganz unterschiedlicher Wirkung sind und daß die Auffassung, als ob Infrastrukturmaßnahmen ursächlich und auf jeden Fall eine Erhöhung des Sozialprodukts herbeizwingen könnten, eine durch nichts gerechtfertigte Annahme ist.

HUNKE hat in seiner Untersuchung über die Einflüsse der Finanzpolitik auf die Landesentwicklung betont, daß erst die Einsicht in die regionalen und überregionalen Finanzströme dem Landesplaner die Macht gibt, den Raum wirklich zu erkennen und zu ordnen und daß andernfalls die wirtschaftliche Entwicklung oft über die Pläne der Landesplanung zur Tagesordnung übergehen wird. In diesem Zusammenhang ist die Veröffentlichung der Landesarbeitsgemeinschaft Bayern zu erwähnen, in der insbesondere GUTHSMUTHS die Bedeutung der Bayerischen Landesanstalt für Aufbaufinanzierung und BARBARINO die Beziehungen zwischen Finanzausgleich und Raumordnung im Rahmen der Finanzpolitik des Landes Bayern dargestellt haben[17]).

IV.

Angesichts der Sachlage kann der kommende Abschnitt nur ein Stadium der rationalen Analyse der regionalen Finanzpolitik sein, etwa in dem Sinne, wie der Wirtschaftspolitische Ausschuß des Vereins für Socialpolitik seinerzeit die Konzeptionen, Modell und Methoden der wirtschaftlichen Regionalpolitik erörtert hat. Insbesondere müssen von den finanzwissenschaftlichen Untersuchungen konkrete Feststellungen zur regionalen Finanzpolitik erwartet werden.

Die Feststellungen sollten sich auf folgende Punkte beziehen:

1. Die Ermittlung der räumlichen Ordnung durch die Aufgliederung finanzieller Daten und Zusammenhänge. Die Regionalforschung bedient sich bei der Regionalanalyse bis jetzt in der Regel der Beschäftigtenzahlen und der Sozialproduktberechnungen. Beide Indikatoren haben ihre Einseitigkeiten: Die Beschäftigtenzahlen besitzen keine Aussagekraft für den hinter ihnen stehenden Kapitalfonds, das Sozialprodukt mißt das Produktionsergebnis der regionalen Einheiten, aber nicht das Einkommen der Wohnbevölkerung. Man sollte daher prüfen, ob die bisher wenig beachteten Steuerstatistiken mit ihrem großen Spektrum an Zahlenwerten über wirtschaftliche Vorgänge (Umsätze insgesamt und nach Wirtschaftsbereichen, Einheitswerte des Betriebsvermögens und Steuermeßbeträge vor und nach der Zerlegung, Bruttolöhne und Einkünfte — global und nach

---

[16]) R. THOSS: Ein Vorschlag zur Koordinierung der Regionalpolitik in einer wachsenden Wirtschaft. Hrsg. Institut f. Statistik u. Ökonometrie/Institut f. empirische Wirtschaftsforschung, Universität Mannheim, Mannheim 1968. Diskussionspapier Nr. 7/68.

[17]) Finanzpolitik als Gegenstand der Regionalplanung. Forschungs- und Sitzungsberichte der Akademie für Raumforschung und Landesplanung, Bd. 45, Hannover 1969.

Einkommensarten) für die Entwicklung einer regionalen Produktivitätsniveaus und eines gesonderten regionalen Wohlstandsniveaus nutzbar gemacht werden können. Wenn das möglich sein sollte, würden die raumwirtschaftlichen Untersuchungen außerdem eine vergleichbare Basis für die letzten 35 Jahre erhalten. Der Forschungsausschuß sollte zugleich versuchen, die öffentlichen Haushalte zu regionalisieren und weitere Aufschlüsse über die Raumbedeutsamkeit der öffentlichen Ausgaben bereitzustellen.

2. Die Finanzierung der Wirtschaftskörper. Es handelt sich um eine Analyse des regionalen Systems der Kapitalbildung und der Wirtschaftsfinanzierung.

3. Das Problem der Sozialkosten des Wohnens und Arbeitens. Wir verstehen darunter alle externen Belastungen, welche von Dritten, d. h. von privaten Haushaltungen, Unternehmungen und der Gesellschaft insgesamt in Form von überhöhten Aufwendungen getragen werden. MARTIN WAGNER schätzte die städtebaulichen Kosten mit 35—45 % des jährlichen Volkseinkommens, und es ist daher anzunehmen, daß auch die externen Belastungen einen entscheidenden Posten der Wirtschaftsrechnung darstellen. In diesem Zusammenhang wären folgende Punkte einer Prüfung zu unterziehen:

— die Sozialkosten in den öffentlichen Haushalten und ihre Finanzierung,
— die Wirtschaftsbetriebe als Ursprung öffentlichen Finanzierungsbedarfs und ihre Leistung für die Landesentwicklung,
— die öffentlichen Leistungen als Input der örtlichen Wirtschaft.

4. Das Problem der regionalen Effekte. Der Ausgang für diese Betrachtung ist die Gegenüberstellung der realen Einkommenserhöhungen durch staatliche Ausgaben und der realen Einkommensminderungen durch Steuern, in der Sprache LITTMANNS: Sozialgewinn und Sozialverlust einer Region. Interessant sind in diesem Zusammenhang

— die Steuerleistung der Ballungsgebiete, ihre Herkunft und ihre regionale Verwendung,
— die Konsequenzen der Wachstums- und Außenhandelstheorie für den regionalen Einsatz öffentlicher Ausgaben.

Diese Punkte sind deswegen so interessant, weil sie das umstrittene Problem der Großstadtausgaben beinhaltet und hier die Meinungen weit auseinandergehen. Das Gutachten 1968 des Sachverständigenrates urteilt, daß „die Höhe des gegenseitig in den Großstädten punktuell erforderlichen Investitionsaufwandes oftmals den Blick für die durchschnittlichen sozialen Kosten auf lange Sicht und im Vergleich zu den ländlichen Gebieten verstellt", während in Wirklichkeit „für viele Investitionsprojekte im Rahmen der Großstädte hohe volkswirtschaftliche Erträge zu erwarten sein dürfen, Erträge, die in ländlichen Räumen nicht in gleichem Maße anfallen, zumal oft dort für lange Zeit eine erhebliche Unterauslastung neuer Anlagen hingenommen werden muß." Der Sachverständigenrat begründet seine Auffassung damit, daß „die bestehenden Verkehrs- und Versorgungsnetze nur zu erweitern und zu verdichten" sind, daß „die heutigen Infrastrukturprobleme zumindest der Großstädte außerhalb der Ballungsgebiete häufig Übergangsprobleme sind", die „Sprungkosten" bewirken und „für die Zukunft wieder Kapazitätsreserven mit sich bringen, welche dann unter vergleichsweise geringen Kosten ausgeschöpft werden können"[18]).

---

[18]) Jahresgutachten 1968 des Sachverständigenrates, Abschnitt „Zur Regionalpolitik", Ziff. 343, 345—347.

Die vorliegenden Untersuchungen der Finanzwissenschaft sind völlig anderer Meinung. Auf die Veröffentlichungen von EHRLICHER[19]) und LITTMANN[20]) wird verwiesen.

Es kann außerdem angenommen werden, daß, wenn die rationale Analyse dieser und verwandter Sachverhalte auch nur teilweise von Erfolg sein sollte, eine Reihe von theoretischen Fragestellungen aus diesen Feststellungen Nutzen ziehen werden. Es handelt sich um folgende Fragestellungen:

1. Die Gewinnung von Maßstäben für die Raumwirksamkeit öffentlicher Ausgaben.
Darin liegen zwei Teilprobleme beschlossen:

— die Beurteilung des Entwicklungspotentials von Räumen. HÜFNER hat die Frage in den Veröffentlichungen über den Großen Hessenplan angeschnitten, wenn er schreibt, daß zwei entscheidende Voraussetzungen für die regionale Verteilung der zentralen Mittel fehlen: die „ausreichenden und genügend zuverlässigen Kriterien für die Beurteilung des Entwicklungspotentials von Räumen" und „Unterlagen für eine vergleichende Beurteilung der ausreichenden und wertgleichen Ausstattung an Infrastruktureinrichtungen von Gemeinden und Regionen"[21]).

— die Sozialkosten der Verdichtung. TIMM weist darauf hin, daß „die sozialen, für die Allgemeinheit anfallenden Ballungsvorteile wahrscheinlich dem Ertragsgesetz entsprechen, bis zu einem gesamtwirtschaftlichen Optimum zunehmen, um daran anschließend zu sinken," und HEDTKAMP fügt diesem Zitat die Feststellung an, daß, weil sich „gerade die mit der Planung auftretenden und zunehmend größer werdenden Kosten zum überwiegenden Teil in den öffentlichen Haushalten und nicht im privaten Kalkül niederschlagen, die Ballungsräume im freien System weiter über das soziale Optimum hinauswachsen"[22]. In der Diskussion um die LITTMANNschen Vorschläge ist nun der Gedanke laut geworden, „daß die Verdichtung in Wirklichkeit ein optimaler Bereich ist, der durch Veränderung der Strukturen verändert werden kann, also gestaltbar ist". Daraus wird gefolgert, daß es Aufgabe der Wirtschaftspolitik und der Stadtplanung sei, den Verdichtungsraum durch Infrastrukturförderung und Wirtschaftsförderung wieder in einen optimalen Bereich hinaufzuheben.

2. Eine Antwort auf das Problem des Pro-Kopf-Bedarfs. BRECHT und WAGEMANN stellten bekanntlich das Wachsen der kommunalen Ausgaben pro Kopf mit der Gemeindegröße fest, und nach wiederholten Angaben von ALBERS geht der Gesetzgeber in den Ländern davon aus, daß der Finanzbedarf je Einwohner mit wachsender Gemeindegröße steigt, und bei den allgemeinen Finanzzuweisungen wird unterstellt, „daß der Bedarf je Kopf in den größten Gemeinden um 50—200 v. H. über demjenigen in den kleinsten Gemeinden liegt, während die Steuerkraft andererseits in den größten Gemeinden etwa vier- bis fünfmal höher in den kleinsten liegt"[23]). BARBARINO berechnet, daß die Realsteuerkraft

---

[19]) W. EHRLICHER: Kommunaler Finanzausgleich und Raumordnung. Abhandlungen der Akademie für Raumforschung und Landesplanung, Bd. 51, Hannover 1967, S. 9.

[20]) K. LITTMANN: Die Gestaltung des kommunalen Finanzsystems unter raumordnungspolitischen Gesichtspunkten. Abhandlungen der Akademie für Raumforschung und Landesplanung, Bd. 50, Hannover 1968. S. 27.

[21]) Der Große Hessenplan. Hrsg. vom Hessischen Ministerpräsidenten. Wiesbaden 1968, H. 3, S. 38 f.

[22]) G. HEDTKAMP: Lehrbuch der Finanzwissenschaft. Neuwied und Berlin 1968, S. 449 f.

[23]) W. ALBERS: Der Einfluß des Finanzausgleichs auf regionale Wettbewerbsbedingungen und Produktionsstandorte. In: Jahrbuch für Sozialwissenschaften, Bd. 14, 1963, H. 3, S. 490 f.

Münchens dreieinhalbmal so groß ist wie die der Gemeinden in der untersten Größenklasse und im Schlüsselzuweisungssystem der Bedarf je Kopf um 57—58 % höher bewertet wird als in den bayerischen Gemeinden bis 3000 Einwohner[24]). SCHNEPPE gelangt auf Grund umfangreicher Berechnungen ebenfalls zu dem Ergebnis, daß Gemeindegrößenansätze „vom Bedarf her kaum zu rechtfertigen" sind, daß ihre Wirkung teilweise „den Absichten des Gesetzgebers und den Zielen der Raumordnung" widerspricht und daß sie für die Finanzierung überörtlicher kommunaler Aufgaben „ungeeignet" sind[25]).

3. Die Bedeutung der Lokalfinanzmasse für die Raumordnung. Es ist die Regel, daß öffentliche Haushalte als Konsumeinheiten betrachtet werden. Sie sind aber ihrem Charakter nach auch Ordnungsinstrumente. GERLOFF hat diesen Unterschied seinerzeit mit Bedarfsfinanz und Ordnungsfinanz bezeichnet, und es besteht der Eindruck, daß die Lokalfinanzmasse wirklich instrumentale Bedeutung für die Raumordnung besitzt. Wer die lokale Finanzmasse als Ordnungsfinanz bejaht, muß unterscheiden zwischen der Rolle der Kommunalsteuer und der Heranziehung der Kostenverursacher in Gestalt von Beiträgen und Gebühren, die nach dem Äquivalenzprinzip erhoben werden. Diese Ansicht ist nicht unumstritten. Der Streit um den Wegekosten-Bericht zeigt, daß das Äquivalenzprinzip in weiten Teilen abgelehnt wird. Aber auch wenn das Äquivalenzprinzip fallen sollte, ist damit das Prinzip der Ordnungsfinanz nicht beseitigt.

V.

Die hier angesprochenen Fragen sind zentrale Probleme der regionalen Finanzpolitik, von denen man mit BARBARINO sagen kann: „Wenn nicht in den Zielen eine Übereinstimmung zwischen Raumordnung und Finanzpolitik herbeigeführt werden kann, bleibt beiden der Erfolg versagt". Diese Fragen sind damit zugleich vordringliche Aufgaben einer regionalen Finanzforschung im Dienste der Raumordnungspolitik.

---

[24]) O. BARBARINO: Die Beziehungen zwischen Finanzausgleich und Raumordnung — dargelegt an der Finanzpolitik des Landes Bayern. In: Finanzpolitik als Gegenstand der Regionalpolitik, Abhandlungen der Akademie für Raumforschung und Landesplanung, Bd. 45, Hannover 1969, S. 40.

[25]) FR. SCHNEPPE: Raumbedeutsame Wirkungen des kommunalen Finanzausgleichs in Niedersachsen. Beiträge der Akademie für Raumforschung und Landesplanung, Bd. 2, Hannover 1968.

Finanzverfassung und Stufung nach dem räumlichen Wirkungsbereich

von

Gerhard Isenberg, Bonn

I. Stufen und Arten staatlicher Tätigkeit

Um die Beziehungen zur Raumordnung zu erfassen, reicht es nicht aus, die Finanzreform isoliert zu betrachten. Wir müssen einen Einblick gewinnen in das Gebäude, in das die Finanzverfassung (FV) als den Staatsaufbau eingefügt ist.

1. Allgemeine Zusammenhänge zwischen Finanzverfassung und räumlicher Stufung

1. In der Finanzverfassung wird bestimmt, wie sich die öffentlichen Aufgaben mit den daraus erwachsenden finanziellen Ausgaben und die Quellen der erforderlichen Einnahmen auf die Stufen, auf Bund, Länder und Gemeinden zu verteilen haben. Dabei beruht die Finanzverfassung, ebenso wie der Staatsaufbau, in den wesentlichen Grundzügen auf dem *räumlichen* Prinzip: Jeder Stufe kommt ein bestimmter *räumlicher Wirkungsbereich* zu, so der Bundesstufe der Fernbereich, der sich auf das ganze Bundesgebiet und darüberhinaus auf die Beziehungen zum Ausland erstreckt; die Landesstufe umfaßt den Mittel(strecken)bereich, und der Gemeindestufe ist der Nahbereich wesensgemäß. Alle Stufen stehen dabei in wechselseitigem Zusammenhang.

2. Das räumliche Prinzip wird nun in der BRD vielfach überdeckt durch die unterschiedliche Größe der Bundesländer, noch mehr gilt dies bei den Gemeinden und Gemeindeverbänden. Gleichwohl kommt das räumliche Prinzip in vielen Regelungen des Grundgesetzes zum Ausdruck, so, wenn dem Bund die Zuständigkeit für die Straßen des Fernverkehrs zugewiesen wird, oder wenn im Art. 106 (2) von Steuern mit „örtlich bedingtem Wirkungskreis" gesprochen wird.

3. Will man das räumliche Prinzip auf die allgemeinen Verhältnisse der BRD mit ihrer hohen Volksdichte unberichtigt zur Anwendung bringen, dann kämen für die *Bundesstufe* nur solche Angelegenheiten in Betracht, deren Wirkungskreis, vom Zentrum aus gesehen, Entfernungen von 200 bis 300 km überschreitet und damit auch weit über die Grenzen eines üblichen Bundeslandes hinausgeht. Zur *Landesstufe* gehören wesensgemäß die Angelegenheiten mit einer mittleren Reichweite, etwa zwischen 50 und 250 km.

Zur Gemeindestufe gehört alles, was unter 50 km liegt, das ist in etwa der „Nahbereich", wie er bei der Definition des „Nahverkehrs" bei der Beförderungssteuer zugrundegelegt wird. Bei der Gemeindestufe wäre wieder zu stufen zwischen den Angelegenheiten überörtlicher Art, was Sache der Gemeindeverbände ist, und dem Ortsbereich im Sinne des Wirkungskreises der Gemeinde im eigentlichen Sinne. Die Gemeindeverbände sind dabei eine Hilfsstufe, die von unten nach oben gebildet ist. Die Hilfsstufen werden in Zukunft an Bedeutung gewinnen, da sich die Reichweite der Menschen dank der Motorisierung gegenüber dem Stand beim Erlaß des Grundgesetzes linear um das 5- bis 10fache und flächenmäßig um das 20- bis 80fache (je nach Erschließung und Geländegestalt) vergrößert hat. Die Maßstabvergrößerung wird sich nicht nur auf die Gemeinde selbst, sondern auf die Gemeindeverbände erstrecken. Der Kreis wird zur „Region" — und für diese werden in finanzieller Hinsicht Einnahmequellen zu erschließen sein, die bisher unmittelbar in der Gemeinde gelegen haben.

2. Wesen der Stufung

Mit Reichweitestufen wird auch im *nichtöffentlichen* Lebensbereich operiert.

1. Maßgebend für die Stufung sind vor allem zwei Momente, die *Häufigkeit der Beanspruchung* und die *„Distanzrelation"*, d. h. das Verhältnis, in dem der Wegeaufwand zu dem Wert der gesuchten Leistung steht. Als Wegeaufwand ist hier jede Art von Entfernungsüberwindung aufzufassen, Transport für Güter, Reisen der Menschen, Nachrichtenübermittlung usw. in Geld oder anderen Sachwerten und in Zeit. Hoch ist die Distanzrelation z. B., wenn für einen Einkauf in Höhe von 10 DM an Fahrtkosten 3 DM und an Zeit 2 Stunden aufzuwenden sind. Üblicherweise wird eine Distanzrelation von 30 % (3 zu 10, eingerechnet den Zeitaufwand) als lästig empfunden; dadurch werden distanzverringernde Vorgänge ausgelöst, durch die die Distanzrelation verändert wird, etwa durch Wechsel des Wohnsitzes oder durch Einrichtung von Filialen.

Häufige Beanspruchung und hohe Distanzrelation drängen auf Nähe, bei seltener Beanspruchung und niedriger Distanzrelation können auch große Entfernungen in Kauf genommen werden. Solche Sachverhalte lassen sich sowohl in der Erwerbswirtschaft wie beim Instanzenweg im Staat anwenden.

2. Angelegenheiten, durch die die ganze Bevölkerung, der Jedermann, der Endkonsument, laufend betroffen werden, wie der Schulbesuch, die Müllabfuhr u. ä., gehören zur untersten Stufe, in der Regel zum Ortsbereich. Dagegen wird die Aufstellung von Normen, die alle Gebietsteile gleicherweise treffen und die sich auf Vorgänge mit weitreichenden Wirkungen beziehen, in der Regel Sache der höheren Stufe sein, mag es sich dabei um Direktiven eines Warenhauskonzerns an die Filialleiter handeln oder um die gesetzlichen Regelungen des Staates. Angewandt auf die BRD heißt dies: Je allgemeiner der Rahmen, desto eher spricht die Vermutung für die Zuständigkeit der Bundesstufe; je häufiger ein Gesetz auf Einzelfälle anzuwenden ist, desto näher liegt es, mit der Durchführung die Gemeindestufe zu betrauen. Die Stufung von oben nach unten geht, cum grano salis aufgefaßt, vom Abstrakten zum Konkreten.

3. Bei einer derartigen Stufung ist das *räumliche* Prinzip in Einklang zu bringen mit dem *betriebswirtschaftlichen* Prinzip: Jede Apparatur erfordert eine gewisse Mindestauslastung. Mit dem Grad der Spezialisierung, durch die eine Hebung der Produktivität ermöglicht wird, wird es notwendig, den Leistungsbereich zu erweitern, und das bedeutet, daß auf die höheren Stufen ausgegriffen wird. Ein weiterer Grund für die Notwendigkeit einer ausgefächerten Stufung liegt in dem Umstand, daß mit der Spezialisierung die wechselseitige Verflechtung zunimmt. Damit wird auf eine Vereinheitlichung der zivilisatorischen Ausstattung und der allgemeinen Lebensverhältnisse gedrängt.

3. Anwendung im Grundgesetz

Im staatlichen Bereich sind einheitliche Regelungen erforderlich; von ihnen wird im Art 72 des GG gesprochen. Allerdings ist dies bis jetzt noch recht zaghaft zur Anwendung gekommen.

1. In der Zeit des Entstehens des Grundgesetzes konnte man von seinen Schöpfern nicht das Maß an Einsicht in die räumlichen Zusammenhänge erwarten, wie das bei dem jetzigen Stand der Wissenschaft möglich wäre. Überdies war das Bedürfnis zivilisatorischer Einheitlichkeit damals bei dem niedrigen Stand der Produktivität und bei dem durch die Not bedingten Streben nach Selbstversorgung noch weniger dringlich als in der Gegenwart und in der weiteren Zukunft. Manche Mängel, mit denen das Grundgesetz behaftet ist, sind weniger auf das, was den Ländern so oft vorgeworfen wird, auf das starre Festhalten an Zuständigkeiten und auf den Mangel an Bereitschaft zur Cooperation zurückzuführen, sondern einfach auf das Fehlen an Einsicht in die räumlichen Zusammenhänge und Interessenlagen. So kommt es, daß mit dem Grundgesetz schiefe Interessenlagen geschaffen worden sind. Sie geben den Beweggrund zu einem Handeln, das sach- und raumgerechten Lösungen entgegensteht und zu unfruchtbaren Auseinandersetzungen zwischen den drei Stufen führt.

2. Wertvolle Erkenntnisse sind seit Erlaß des GG zwar vor allem bei der Kgst (Kommunale Gemeinschaftsstelle für Verwaltungsvereinfachung), bei der Wiberag (Wirtschaftsberatungs-AG der Gemeinden) und in der jüngst veröffentlichten Schrift von FRIDO WAGENER[1]) gewonnen worden. Aber bei den maßgebenden Fachkreisen sind noch die Erkenntnisse zu wenig verbreitet. Eine konkrete Vorstellung über die räumliche Bedingtheit der öffentlichen Tätigkeit und über die zweckmäßigen Betriebsgrößen bilden indes die Voraussetzung für eine Reform der Finanzverfassung, die auf lange Sicht bestimmt sein soll.

3. Die Feststellung, für die Stufung im Staatsaufbau sei das räumliche Prinzip maßgebend, kann in der Praxis naturgemäß nur sehr allgemein gelten; im einzelnen gibt es zwischen den Stufen der staatlichen Tätigkeit und ihrem räumlichen Wirkbereich vielerlei Überlappungen. Es gibt Sachbereiche, in denen die Bundesstufe bis in den Lokalbereich hineinreicht, so etwa bei der Post; in anderen Sachbereichen greifen die Landesstufen, etwa in Forschung und Hochschulbildung, und mittelbar auch die Gemeindestufen im Rahmen des halböffentlichen Bereichs, etwa über kulturelle Einrichtungen (Theater, Museen u. dgl.) bis in den Fernbereich aus.

Welche Bedeutung dem räumlichen Prinzip zukommt, hängt weitgehend von der *Art* der öffentlichen Tätigkeit ab. Hierbei bilden sich — wie vorher bereits angedeutet — bestimmte Schwerpunkte heraus; bei den einen Tätigkeitsarten liegen die Schwerpunkte naturgemäß mehr bei der Bundesstufe, bei den anderen mehr auf der Landesstufe und auf der Gemeindestufe.

4. Arten der staatlichen Tätigkeit

Unter dem finanziellen und räumlichen Aspekt gibt es bei der staatlichen Tätigkeit *drei Arten*: die Hoheitstätigkeit, die Übertragungstätigkeit und die (direkte) Leistungstätigkeit (als „Öffentliche Leistungswirtschaft" bezeichnet).

---

[1]) Neubau der Verwaltung. Berlin 1969.

Alle drei Arten stehen dabei in wechselseitigem Zusammenhang; eine bedingt die andere. Leistungstätigkeit und Übertragungstätigkeit setzen fast immer die Ausübung von Hoheitsbefugnissen voraus, weil mit der Leistungstätigkeit oft auch eine Übertragungstätigkeit verbunden ist. Hoheitstätigkeit im Innern ist in einem sozialen Rechtsstaat meist auf ein Ziel ausgerichtet, zu dessen Erreichung im einzelnen die Übertragungstätigkeit oder die Leistungstätigkeit eingesetzt wird.

Im einzelnen sind die drei Arten folgendermaßen zu charakterisieren:

Die *Hoheitstätigkeit* bezieht sich auf die dem Staat eigenen Befugnisse zur Ausübung von öffentlichem Zwang und umfaßt die Schaffung der dazu erforderlichen Gesetze, ferner die Ausführung der Gesetze, soweit es dabei in besonderem Maß des Einsatzes von Zwangsmitteln bedarf. In einem solchen Sinn sind der Hoheitstätigkeit die folgenden Sachbereiche zuzurechnen:

— die Sicherheit nach außen,
— die Aufrechterhaltung der öffentlichen Ordnung und Sicherheit im Innern,
— die Rechtsprechung,
— die Erhebung von öffentlichen Abgaben im Sinne von gegenwertlosen Zahlungen seitens der Pflichtigen an den Staat gezahlt werden.

Bei der *Übertragungstätigkeit* werden Leistungen, in der Hauptsache sind es Geldleistungen, von einer Hand ohne spezielle Gegenleistung in andere Hände umgeleitet. Dem einen wird Geld vom Staat genommen, damit es anderen gegeben werden kann. Im Gegensatz zur Einzelwirtschaft, die ihrem Wesen nach an dem Prinzip der Äquivalenz orientiert ist — jede Leistung entspricht einer marktadäquaten Gegenleistung —, ist die Übertragungstätigkeit weitgehend durch eine „Antiäquivalenz" gekennzeichnet. Eine derartige Antiäquivalenz setzt *Zwang* voraus, wie er vor allem bei der Steuer zur Anwendung kommt.

Die Übertragungen von öffentlichen Geldern dienen recht unterschiedlichen Zwecken. Als Subventionen gehören die Übertragungen zum Instrumentarium der Wirtschaftspolitik; die Masse der Übertragungen entfällt auf soziale Leistungen, insbesondere wenn man von der Sozialversicherung denjenigen Teil miteinbezieht, der über Zwangsbeiträge erhoben wird. Schließlich vollziehen sich auch unmittelbar innerhalb der staatlichen Apparatur in großem Umfang Übertragungen über die übergeordneten Stufen (vertikal) vom Land an die Gemeinde, oder auf der gleichen Ebene, d. h. horizontal, wozu der Länderfinanzausgleich gemäß Art. 106 (2) des Grundgesetzes gehört.

Die Übertragungstätigkeit ist für die RO von großer Bedeutung, weil sie, gleich ob sie sich zwischen Staat und Privaten im volkswirtschaftlichen Bereich oder innerhalb des staatlichen Bereichs vollzieht, in räumlicher Hinsicht mit Umschichtungen von großen Geldbeträgen verbunden ist; sie gehen in erster Linie von den leistungsstarken zu den leistungsschwachen Gebieten.

Die öffentliche Leistungstätigkeit steht im Dienst der Bedarfsdeckung. Der Staat erbringt mit seiner eigenen Apparatur unmittelbar oder mittelbar an die Bürger Leistungen. Er setzt dazu die sog. Produktionsfaktoren (Arbeit, Kapital und Boden) ein. Ihrem Wesen nach gehört die öffentliche Leistungstätigkeit zur Wirtschaft, wenn man diese als die Deckung des Bedarfs an knappen Gütern auffaßt. Insoweit ist es gerechtfertigt, von „öffentlicher Leistungswirtschaft" (ÖLW) zu sprechen. Dabei darf es sich nach den Leitvorstellungen einer Marktwirtschaft nur um solche Leistungen handeln, die in irgendeiner Weise, sei es auch nur hintergründig und sehr partiell, den Einsatz von öffentlichem Zwang erfordern und daher für die ausschließliche Darbietung durch den privaten Bereich weniger geeignet sind.

5. Übergänge und Grenzen der ÖLW zur Privatsphäre

Beim Vollzug der öffentlichen Leistungstätigkeit sind die Grenzen zu der Privatsphäre fließend. Die private Sphäre läßt sich dabei in zwei Bereiche gliedern: den Humanbereich und den Erwerbsbereich. Beide sind Bestandteile der „Wirtschaft".

1. In sachlicher Hinsicht steht der Humanbereich ebenfalls im Dienst der Deckung des Bedarfs an knappen Gütern; nur in der Form und in den Beweggründen des Handelns ist er andersartig. Der Humanbereich durchdringt das ganze Leben und ist verkörpert in erster Linie in den Familien, dann aber auch in den Kirchen, den Verbänden karitativer Art und im weitesten Sinne im Vereinsleben, kurz in den Non-Profit-Organisationen (NPO). Jedes Mitglied trägt zu dem Zweck der Vereinigung, sei es für die Beschaffung des Unterhalts im bäuerlichen Familienbetrieb, sei es etwa für freizeitliche Betätigung, nach eigenem Können und Vermögen bei, um seinerseits am Ganzen nach dem „suum cuique" — jedem das Seine — teilzuhaben, *ohne* den strengen, dem Staat innewohnenden *Zwang* und *ohne* die der Erwerbswirtschaft gemäße *Äquivalenz*.

2. Im Erwerbsbereich vollziehen sich die Tätigkeiten wohl in freier Entscheidung, aber unter strenger Beobachtung der Spielregeln des Marktes, die Ertragsmaxierung und Äquivalenz in sich schließen. Träger der Erwerbswirtschaft sind in der Hauptsache die privaten Unternehmungen, daher ist auch die Bezeichnung „Unternehmungswirtschaft" gebräuchlich.

3. Die öffentliche Leistungswirtschaft berührt sich nun mit den beiden Bereichen der Privatsphäre, in gleicher Weise mit dem Humanbereich und mit der Erwerbswirtschaft. Bei dem Humanbereich handelt es sich vor allem einmal um die Sachbereiche der Bildung, zum anderen um Gesundheitswesen, um Sport und Betreuung von Jugend und Alter einschließlich des Sozialbereichs, soweit nicht die reine Übertragungstätigkeit betroffen ist.

Staat und Humanbereich greifen hier eng ineinander, die Grenzen für die staatliche Tätigkeit sind je nach Gebiet und Fachbereich recht unterschiedlich. Selbst bei einer NPO-Trägerschaft wird die öffentliche Hand größtenteils zur Finanzierung herangezogen.

Die Verbindungen, die zwischen der öffentlichen Leistungswirtschaft und der Erwerbswirtschaft bestehen, erstrecken sich hauptsächlich auf die Daseinsvorsorge und *materielle technische* Bereiche — auf die *Versorgung* mit Energie und Wasser, auf die Erholung und auf den Verkehr, kurz, auf all das, was mit technischer „Infrastruktur" bezeichnet wird.

6. Schematische Andeutung der Schwerpunkte

Die Schwerpunkte der Hoheitsausübung liegen in der Sicherung nach außen beim Bund, in der inneren Ordnung beim Land; die Schwerpunkte der Übertragungstätigkeit liegen beim Bund. Die Schwerpunkte der öffentlichen Leistungswirtschaft liegen — wenn man von Post und Bahn als Bundessache absieht — bei den Gemeinden. Die Landesstufe hat dabei, um die Unterschiede der Leistungskraft auszugleichen, wichtige Übertragungsfunktionen. Die nachstehende Tabelle soll eine Vorstellung über die Größenordnungen vermitteln; dabei ist zu bedenken, daß sich die Zahlen nur auf die Beträge beschränken, die über die Haushalte der Gebietskörperschaften laufen. Die Aufstellung zeigt, daß fast die Hälfte aller Ausgaben über den Bund läuft; Land und Gemeinden beteiligen sich am übrigen zu gleichen Teilen. Bei der technischen, materiellen Infrastruktur entfällt mehr als die Hälfte auf die Gemeinden.

Würde man die ausgegliederten Träger von öffentlichen Funktionen auch mit einbeziehen, so würde der Anteil des Bundes einerseits und der Gemeindestufe, hauptsächlich in bezug auf die Infrastruktur, andererseits noch größer sein. Die Länder fungieren als schwaches Zwischenglied zwischen der Stufe des Bundes und der Gemeindestufe.

Aufgabenverteilung (Stand 1961)

	insges.	Bund	Land	Gemeinde
Hoheitsausübung	100	62	26	12
Verteidigung	100	100		
überwiegend innere Apparatur	100	20	45	35
Übertragung hauptsächlich für Sozial- und Wirtschaftspolitik	100	66	19	15
Öffentliche Leistungswirtschaft	100	13	35	52
davon:				
Humanbereich	100	6	47	47
technisch-materielle Infrastruktur	100	20	23	57
insgesamt	100	48	26	26

II. Auswirkung der Zentralitäts-Stufung auf Wirtschaftskraft und Steuerkraft der Kreise und Gemeinden

1. Vorbemerkungen zum Einkommensgefälle

1. Im Teil I ist der öffentliche Bereich Gegenstand der Betrachtung gewesen mit seinen drei Stufen Bund, Land und Gemeinde. Nun ist zu prüfen, wieweit die Stufung in der regionalen Steuerkraft, d. h. vor allem auf die Steuerkraft der Gebietskörperschaften, zum Ausdruck kommt. Die Steuerkraft ist in hohem Grad abhängig von der Wirtschaftskraft, die in der Hauptsache repräsentiert wird durch das Bruttoinlandprodukt je Kopf der Wirtschaftsbevölkerung (Bip/Wib) oder je Beschäftigten, d. h. je Arbeitskraft (Bip/Ak).

2. Im allgemeinen ist die Steuerkraft, wie sich aus der Finanzstatistik nachweisen läßt, in den zentralen Orten höher als in dem übrigen Einzugsbereich; die Steuerkraft nimmt hierbei mit der Stufe der Zentralität zu — am höchsten ist sie im Schnitt in den großstädtischen Metropolen, die zugleich Kerne von Ballungsgebieten sind, mit Ausnahme von einigen Sonderfällen, wo die Firmenspitzen und die Betriebe von Großkonzernen außerhalb der Metropolen selbst oder der sie umgebenden Ballungsgebieten liegen, wie in Schweinfurt oder in Wolfsburg.

Wenn die Steuerkraft mit der Stufe der Zentralität zunimmt, ist dies weitgehend darauf zurückzuführen, daß auch ein entsprechendes Gefälle der Wertschöpfung und des Einkommens bei den Trägern der zentralen Funktionen besteht: Mit dem Umfang des Wirkungsbereichs nimmt das Einkommen (Bip/Ak) zu.

3. Die Träger der zentralen Funktionen gehören hauptsächlich dem Tertiärsektor an.

In diesem ist das Gefälle besonders deutlich, denn hier sind die Spitzen sowohl der Verwaltung wie des Kommerzbereichs (Handel, Banken) und der nichtöffentlichen Dienstleistungen noch mehr als bei der Industrie und den Metropolen konzentriert.

Es versteht sich, daß das Einkommen des Generaldirektors bei der in der Metropole ansässigen Bankzentrale höher ist als dasjenige des Direktors einer mittelstädtischen Filiale oder gar des Geschäftsführers einer Zahlstelle, die im Unterzentrum liegt. Ähnliches gilt für die Verwaltung, wenn auch dort die Spannen zwischen Hoch und Nieder geringer sind. Das Durchschnittseinkommen je Arbeitskraft ist in einem Ministerium höher als in einem Regierungspräsidium oder gar in einem Landratsamt und in einer Kleinstadtverwaltung.

2. Größenordnungen für das Gefälle

1. Ein empirischer Nachweis für das Gefälle läßt sich an Hand des Bruttoinlandprodukts (Bip) führen, indem man dieses auf die Arbeitskräfte (Ak) des Tertiärsektors (T) bezieht und entsprechend das (Bip/Ak) T für die einzelnen Stufen der zentralen Orte zugrundegelegt. Die zentralen Orte sind dabei, abweichend von der Konferenz für Raumordnung, folgendermaßen abgestuft: An der Spitze stehen die Metropolen mit einem vollwertigen Bundesland (über 6 Millionen Einwohner) als Einzugsbereich (V), es folgen die Oberzentren mit einem Einzugsbereich etwa von 1,5 Millionen und mehr (IV), die Mittelzentren meist mit einem Einzugsbereich von 250 000 bis 500 000 Einwohnern (III) und schließlich die Unterzentren mit dem etwa 30 000 bis 70 000 Einwohner umfassenden Unterbereich (II), der seinerseits wieder die ländlichen Kleinzentren (I) mit dem Nahbereich umschließt.

In den unteren Stufen ist es allerdings nicht möglich, die zentralen Orte statistisch auszugliedern, denn die Sozialproduktsrechnung ist nur bis zu den Kreisen durchgeführt. Hier behelfen wir uns in der Weise, daß nur diejenigen Kreise ausgewählt werden, die nach bayerischen Maßstäben kein Mittelzentrum (was nach den Maßstäben der Konferenz für Raumordnung bereits ein gehobenes Mittelzentrum darstellen würde) enthalten. Solche Kreise sind nach bayerischen Maßstäben nur mit Unterzentren und ländlichen Mittelpunktgemeinden besetzt und müssen demnach an unterster Stelle, also in den Stufen I und II, stehen, denn in ihnen fehlen unter den Trägern von zentralen Funktionen die gehobenen Einkommensbezieher wie sie nur in Mittelzentren und darüber vorkommen.

Für den Nachweis der Gleichläufigkeit von Stufe und Sozialprodukt je Kopf, insbesondere in bezug auf die Mittelstufe (einschließlich) eignen sich insbesondere die beiden Länder Bayern und Niedersachsen, denn in diesen läßt sich die zentralörtliche Gliederung wegen des mittel- bis großbäuerlichen Charakters der Landwirtschaft noch am besten zum Ausdruck bringen. Hinzu kommt, daß in Bayern die gehobenen Mittelzentren ausnahmslos zu den kreisfreien Städten gehören und daher statistisch erfaßbar sind; in Niedersachsen trifft bis jetzt das gleiche, mit einigen Ausnahmen, ebenfalls zu. Ausgeschlossen werden müssen die sog. „atypischen" Fälle (etwa wo der Tertiärsektor weitgehend durch Funktionen, denen man — wie dem Fremdenverkehr, den Verkehrsknotenpunkten, den Großgarnisonen u. ä. — keinen zentralen Charakter zusprechen kann, bestimmt ist).

Bei den höheren Stufen (gehobene Mittelzentren, Oberzentren und Metropolen) können wir, da diese zumeist ausgekreist sind, geeignete Fälle als Beispiele aus der ganzen Bundesrepublik mit heranziehen.

2. Für die einzelnen Stufen der zentralen Orte sind nach dem Stand des Jahres 1961, das mangels einer neueren Zählung der Beschäftigten zugrundegelegt werden muß, die durchschnittlichen Kopfziffern der Wertschöpfung der Tertiären, und zwar aufgegliedert in die Bereiche Handel und Verkehr und in die Dienstleistungen errechnet worden. Die Ergebnisse sind in nachstehender Übersicht zusammengefaßt.

Wertschöpfung je Beschäftigten = Arbeitskraft 1961
(Bip/Ak) T

Zentralitätsstufen I und II (Kleinzentren und Unterzentren)	Handel Verkehr in 1000 DM	Dienste	Tertiäre zus.	Stufe I und II in Bay. = 100
in Bayern	9,0	12,3	10,7	100
in Niedersachsen	10,1	12,3	11,2	104
Zentralitätsstufe III*) (gehobene „Mittelzentren")				
in Bayern	11,5	12,3	11,8	114
in der übrigen BRD (soweit ausgekreist)	11,4	13,9	12,4	
Zentralitätsstufe IV*) (Oberzentren) ganze BRD außerhalb der Ballungsgebiete	12,1	13,4	12,7	119
Zentralitätsstufe V*) (Metropolen) nämlich Hamburg, Düsseldorf, Köln, Frankfurt, Stuttgart, München	15,2	16,9	16,0	149

*) Die Daten beziehen sich bei den Zentralitätsstufen I und II auf das Zentrum einschl. des umgebenden Kreises, bei den übrigen Stufen (III, IV, V) auf die zentrale Stadt allein.

Man ersieht, daß die Metropolen mit Abstand an der Spitze stehen. Die Wertschöpfung je Arbeitskraft im Tertiärsektor liegt annähernd um 50 % höher als in der Zentralitätsstufe I/II in Bayern, deren Ziffern hier mit 100 angesetzt sind.

3. Ein weiteres Indiz für das Gefälle, das zwischen den zentral-örtlichen Stufen besteht, ist die Lohn-Gehalts-Relation in der Industrie, worunter das Verhältnis zu verstehen ist, das zwischen der Summe der gezahlten Arbeiterlöhne und der Summe der gezahlten Angestelltengehälter besteht. Je niedriger die Lohn-Gehalts-Relation, desto größer ist das Gewicht der disponierenden Tätigkeiten und umgekehrt: Je höher die Relation, desto mehr überwiegt die rein ausführende Arbeit. Für die Gefälle in der Lohn-Gehalts-Relation bietet wiederum Bayern ein sehr gutes Beispiel.

Als Repräsentanten für die höchsten Stufen der zentralen Orte wurden hier München sowie Nürnberg mit Fürth ausgewählt, für die sonstigen gehobenen Stufen — d. h. für die kleineren Oberzentren und Mittelzentren, die übrigen kreisfreien Städte und für die Unter- und Kleinzentren — die Landkreise. Als besonderer Typ wurden noch einige Regionen (einschließlich der dortigen kreisfreien Städte) angeführt, die vorwiegend mit Zweigbetrieben besetzt sind, nämlich die Regionen Ansbach und Donauwörth[2]). Es ergibt sich in der Lohn-Gehalts-Relation der Industrie (1968) die folgende Aufreihung:

1. München   107
2. Nürnberg-Fürth   133
3. übrige kreisfreie Städte   173
4. Landkreise   284
5. ausgesprochene Zweigbetriebsregionen etwa   390
   (einschließlich kreisfreie Städte)
   Bayern insgesamt   190

Man ersieht, wie das Management, für das die Angestelltengehälter repräsentativ sind, in den höheren Zentren wesentlich stärker vertreten ist als in den Landkreisen. In diesen überwiegt bei weitem die ausführende Arbeit, repräsentiert durch die Löhne.

Mit der weiteren Verlagerung von Industriebetrieben von den Großstädten auf das „Land" wird sich das Verhältnis noch mehr polarisieren, denn die Köpfe, d. h. die Firmenleitungen, werden am alten Standort bleiben, das bedeutet: in den Metropolen sitzt die führend-disponierende Tätigkeit, in den Landkreisen die ausführende Arbeit.

III. Zentralität und öffentlicher Bedarf

1. Ursachen des Gefälles im öffentlichen Bedarf

1. Nach der Finanzstatistik wird der öffentliche Bedarf, mag er durch die Bruttoausgaben (Finanzvolumen) oder durch den „Zuschußbedarf" repräsentiert sein, mit der Gemeindegröße zunehmen.

Der Tatbestand ist so bekannt, daß es hier keines besonderen Nachweises bedarf. Eine hohe Einwohnerzahl läßt — soweit es sich nicht um reine Industriestädte (etwa im Ruhrgebiet) handelt — auf eine entsprechend hohe Stufe der zentralen Funktionen schließen.

Die hohe Einwohnerzahl verdanken die höheren Zentren vor allem der Häufung der zentralen Funktionen in sektoraler und stufenmäßiger Hinsicht. Denn in jeder höheren Stufe sind für einen entsprechend kleineren Einzugsbereich auch die Träger der nachrangigen Funktionen konzentriert.

2. Die Unterschiede im Finanzvolumen pflegte man vor dem Kriege — weitgehend — auf die andersartige Lebensweise in Stadt und Land zurückzuführen. POPITZ sprach von dem „kanalisierten" Einwohner in der Stadt, dem der „nichtkanalisierte" Einwohner auf dem Land gegenüberstand; auf dem Land wurde vieles, was in der Stadt arbeitsteilig und geldwirtschaftlich über die öffentlichen Haushalte lief, im Kreislauf der Selbstver-

---

[2]) Es werden gerechnet zur Region Ansbach die Kreise und kreisfreien Städte Ansbach, Rothenburg o. T., Dinkelsbühl, Feuchtwangen, Gunzenhausen, Uffenheim; zur Region Donauwörth: Dillingen (Krs. u. Std.), Donauwörth, Neuburg (Krs. u. Std.), Nördlingen (Krs. u. Std.), Wertingen.

sorgung — so materiell über Sickerbrunnen, über Verwendung des eigen geschlagenen Holzes für Gemeindebauten u. a., personell über Ehrenämter und wechselseitige Familienhilfe — vollzogen.

Inzwischen sind hier wesentliche Änderungen eingetreten: jedenfalls im technischen Bereich, wo das Land der Stadt angeglichen worden ist. Dabei zeigt sich, daß die Erschließung im Sinne des Anschlusses an die großen technischen Apparaturen auf dem Land in der Regel wesentlich aufwendiger ist als in der Stadt. Je dünner und zerstreuter die Besiedlung ist, desto höher ist der Aufwand für die Anlagen und meist auch für den Betrieb der öffentlichen Leistungswirtschaft. Für Versorgungsunternehmen ist das Land wegen der wenig ausgelasteten Anschlußwerte zumeist defizitär. Die Defizite werden üblicherweise in den Überschüssen, die in der Stadt aufgrund der guten Auslastung der Apparaturen aufgebracht werden, gedeckt.

3. Ein derartiger Ausgleich zwischen Stadt und Land läuft, da es sich um ausgegliederte Betriebe handelt, gemäß der Anwendung des Nettoprinzips überwiegend *außerhalb* der Finanzstatistik und ist daher für die politische Öffentlichkeit nicht sichtbar. Das über die Finanzstatistik erfaßte Finanzvolumen enthält demgegenüber überwiegend solche Aufgabenbereiche, die nach dem Bruttoprinzip und, soweit nach dem Nettoprinzip, nur mit den Zuschüssen, die allerdings oft recht hoch sind, abgewickelt werden. Die Defizite treten dabei oft bei Trägern von überörtlicher und überregionaler Bedeutung auf, so etwa bei der Post im Zustell- und Omnibusverkehr. Diejenigen Bereiche, die voll oder mit überwiegenden Teilen über die Finanzstatistik erfaßt werden, haben ihren Standort — wie Schul- und Bildungswesen, Straßen, öffentliche Ordnung, Krankenhäuser — weitgehend in den höherstufigen zentralen Städten. Das ist einer der Gründe dafür, warum in den „Städten" das Finanzvolumen jetzt noch mit wesentlich höheren Beträgen zum Ausdruck kommt als auf dem „Land". Im erfaßten Finanzvolumen ist das Gefälle zwischen den Stufen der zentralen Orte noch größer als beim Sozialprodukt. Hinzukommt, daß die gehobenen Zentren mit ihren Einrichtungen vielerlei Funktionen für den Einzugsbereich mit übernehmen.

Die Gründe für das Gefälle im Finanzvolumen liegen jedoch nicht nur in den eben erwähnten Verhältnissen, sondern auch, was vor allem für die Metropolen gilt, in einer Reihe von anderen Momenten:

a) Die Preise für den Boden sind höher und damit für die Nutzung von Wohnungen und von sonstigen bodengebundenen Anlagen sowie für die Arbeitsleistungen. Für die gleiche Arbeit muß überall dort, wo die mit einer Massierung verbundene Kostendegression nicht zur Wirkung kommen kann, *mehr* Entgelt gezahlt werden als im übrigen Land: Das kommt in den Tariflöhnen nur wenig zum Ausdruck, wohl aber in den Effektivlöhnen und anderen „Vergünstigungen".

b) Bestimmte Leistungen erfordern nicht nur nominal geldlich, sondern auch sachlich, bezogen auf die Einheit, einen *höheren* Aufwand; es handelt sich um die oft erwähnte Progression bei den social costs, was vor allem in Verkehrsanlagen zum Ausdruck kommt. Mittelbar spielt dabei ebenfalls die Höhe der Bodenpreise mit hinein; sie gibt zu kostspieligen Bauweisen Anlaß. Ein gleichwertiger Sportplatz oder eine Verkehrsanlage erfordert mehr Aufwand in der Metropole als auf dem Land. Hierbei darf jedoch nicht übersehen werden, daß vor allem bei Verkehrsbauten der Nachteil der Progression in den social costs überwogen wird durch den Vorteil, der sich aus dem dadurch ermöglichten Funktionszuwachs ergibt. An dieser Stelle kann allerdings auf die Problematik der social costs, nämlich auf die Frage, wo der Schnittpunkt zwischen der sich aus der Vermehrung der Einwohner ergebenden Zuwachskurve der „Vorteile" und die Zuwachskurve des Aufwandes liegen, nicht eingegangen werden. Es genügt zu sagen, daß es in der Metropole auch im Bereich der öffentlichen Leistungswirtschaft (ÖLW) Elemente gibt, die real mehr Aufwand erfordern als im übrigen Land.

c) Schließlich ist auch der *reale* Bedarf je Bewohner in den Metropolen *höher* als im übrigen Land. Denn die höheren Schichten sind in der Metropole weit überdurchschnittlich vertreten. Es werden dementsprechend hohe Anforderungen an die ÖLW, vor allem in kultureller Hinsicht, gestellt. Zu einem Teil ist das Angebot an derartigen Leistungen überhaupt die Voraussetzung dafür, daß sich die Träger der Spitzenfunktionen in einem so hohen Ausmaß häufen.

Aus einer solchen Häufung erwachsen ja gerade die Kontaktvorteile, die für die weitere Hebung der Leistungswerte und damit für das Sozialprodukt wesentlich sind.

Alle drei Faktoren wirken *kumulativ* in die Richtung auf eine Erhöhung der Ausgaben für die ÖLW. Dieser Sachverhalt ist in seiner Gesamtheit bekannt; seinetwegen sind ja auch von je her die Veredelungsansätze in den LFA eingeführt. Der Mangel der bedarfsorientierten Veredelungsansätzen liegt jedoch darin, daß diese sich schematisch nach der Einwohnergröße der Gemeinden richten und dabei weder die siedlungsmäßigen Zusammenhänge beachten noch die funktionsbedingten Strukturen. Die Zufälligkeit von Eingemeindungen schafft unter sonst gleichen Bedingungen bei der Handhabung der finanziellen Ausgleichsmaßnahmen, bei denen für die „Veredelung" meist schematisch die Größenklasse nach der Einwohnerzahl zugrundegelegt wird, denjenigen Städten, die ihr Gebiet frühzeitig ausdehnen konnten, eine Vorzugsstellung gegenüber solchen Städten, in denen eine Vergrößerung der Einwohnerzahl nicht durchsetzbar gewesen ist.

2. Folgerungen für die Raumordnung

Aus den Ausführungen lassen sich für die Raumordnung Folgerungen ziehen sowohl in bezug auf die Beurteilung als auch auf die Maßnahmen.

1. Bei der Beurteilung ist darauf zu achten, welcher Stufe ein Gebiet — z. B. ein Kreis — angehört. Man kann nicht Kreis gleich Kreis setzen. Es kommt auf die Stufe der Zentren an, mit denen ein Kreis durchsetzt ist. Ein Kreis, der ein kräftiges Mittelzentrum umfaßt, wird ceteris paribus eine höhere Kopfziffer des Bruttoinlandsprodukts aufweisen als ein Kreis, der ausgekernt ist, d. h. dessen Zentrum einen eigenen Stadtkreis bildet. Zur Orientierung für ein Urteil darüber, ob ein Kreis stark oder schwach ist, bedarf es stufenspezifischer Normziffern. Dies gilt sowohl für die Hilfen, die über die Regionale Wirtschaftspolitik gewährt werden, als auch für den landesinternen Finanzausgleich. Es wäre falsch, den Bedarf lediglich an der Einwohnerzahl zu messen. In diesem Zusammenhang darf auch nicht übersehen werden, daß dem Ausgleich, der über die offizielle Finanzmasse läuft, bereits die vorher erwähnten Ausgleichsvorgänge über die öffentlichen Versorgungsunternehmungen vorgeschaltet sind.

2. Es wird notwendig sein, für einen sachgerechten Ausgleich viel gründlicher als bisher für die einzelnen Sachbereiche den Bedarf, der sehr stark durch die Stufe bedingt ist, zu ermitteln und danach einschlägige Bedarfsziffern zugrundezulegen. Die auf Seite 16 aufgeführte Übersicht kann eine kleine Hilfe leisten.

Maßgebend für Bedarfsmeßzahlen müssen die Funktionen sein, die ein Bezirk im Rahmen des Ganzen ausübt. Die Abweichung vom Bundesdurchschnitt in der Kopfziffer des Sozialprodukts ist dabei eher als ein Symptom wie als eine echte Ursache zu werten. Solange ein Bezirk die ihm nach Sektor und Stufe gemäßen Funktionen im Rahmen des größeren Ganzen mit einer sektor-üblichen Produktivität, ausgedrückt etwa durch das Bruttoinlandsprodukt je Arbeitskraft in den einzelnen Sektoren, erfüllt, wäre es falsch, ihn wegen der Unterschreitung des Bundesdurchschnitts in der Kopfziffer des Sozialprodukts je Kopf der Wirtschaftsbevölkerung (Bip/Wib) ungeprüft als schwach und „ungesund" zu bezeichnen. Ein kernloser Kreis mit unterdurchschnittlicher Kopfziffer kann „gesünder" sein als ein funktionsschwaches Oberzentrum, obwohl dessen Kopfziffer weit über dem Bundesdurchschnitt liegen kann.

In dieser Hinsicht wäre es gut, wenn sich die Raumordnungspolitik, sowohl in bezug auf die Wirtschaftsförderung wie des Finanzausgleichs, auf Beurteilungsgrundlagen stützt, die mehr auf die wirklichen *Ursachen* als auf die äußeren Symptome abgestellt sind. Dabei kommt es darauf an, geeignete Verfahren auszuarbeiten, um die wesentlichen Ursachen auch herauszufinden. Da diese Frage weit über die Finanzwirtschaft hinausgeht, bedarf sie einer besonderen Darstellung in einem Zusammenhang, der die Abgrenzung der durch Bund und Land zu fördernden Gebiete betrifft.

Wirtschaftsförderung als Regionalpolitik

von

Wolfgang Albert, Bonn

Mit dem Jahr 1969 begann die erfolgreichste Phase der regionalen Wirtschaftspolitik in der Nachkriegszeit. Erstmalig gelang es, eine konjunkturbedingte Investitionswelle in starkem Maße in die agrarischen und industriellen Problemgebiete zu lenken. Fast alle Teile der Bundesfördergebiete wurden hiervon erfaßt, manche sogar in so starkem Umfang, daß einige gewerbliche Schwerpunkte im Interesse einer Konsolidierung des Erreichten inzwischen aus der Ansiedlungsförderung wieder entlassen wurden.

Mehr als 42 000 neue Arbeitsplätze entstehen in Betrieben, für die im Jahre 1969 Bundeshilfen zugesagt worden sind. Um diese Erfolgsziffer würdigen zu können, muß man folgendes berücksichtigen: Vor 1969 konnten im Durchschnitt nur rund 10 000 Arbeitsplätze jährlich mit Hilfe des Regionalen Förderungsprogramms der Bundesregierung neu geschaffen werden. Im September 1968 wurde dann in den „Vorschlägen zur Intensivierung und Koordinierung der regionalen Strukturpolitik", dem Beitrag des Bundeswirtschaftsministers zur Diskussion über das Agrarprogramm, angekündigt, daß künftig 20 000 neue Arbeitsplätze jährlich mit Hilfen des Programms gefördert werden sollen. Ausgangspunkt für diese Zielangabe war eine Prognose der Beschäftigtenentwicklung in der Landwirtschaft bis 1980. Unter Berücksichtigung der Altersstruktur und der Frauenarbeitsquote wurde dann die jahresdurchschnittliche Nachfrage nach zusätzlichen außerlandwirtschaftlichen Arbeitsplätzen errechnet und angenommen, daß ein Drittel dieser Arbeitsplätze in Bundesfördergebieten entstehen muß. Während die anderen Arbeitsplätze also in Gebieten nachgefragt werden, die durch leergefegte Arbeitsmärkte und hohe Ausländerbeschäftigung gekennzeichnet sind, galt die Sorge der Regionalpolitiker dem erwähnten letzten Drittel. Da nach aller Erfahrung auf jeden geförderten Arbeitsplatz mindestens ein weiterer — vornehmlich im tertiären Sektor — spontan entsteht, ergaben sich schließlich als Sollziffern 14 000 geförderte Arbeitsplätze in ländlichen und weitere 6000 in industriellen Problemgebieten, zusammen also ein Ziel von 20 000 Arbeitsplätzen pro Jahr.

Dieser Beitrag des Bundeswirtschaftsministers, in dem schließlich aufgezeigt wurde, wie man dieses Ziel erreichen will, wurde vor allem aus zwei Richtungen — zum Teil sehr lebhaft — kritisiert. In Kreisen der Landwirtschaft wurde die erwähnte Beschäftigtenprognose mißverstanden; manche Leute konnten nicht oder wollten nicht verstehen, daß es hier ausschließlich um eine Antwort auf die bange Frage ging: Wird es auch im Falle, daß die düsterste Prognose eintritt, den Regionalpolitikern gelingen, ausreichend Ersatzarbeitsplätze in den betroffenen Regionen zustandezubringen, oder wird es erneut zu einer Abwanderungswelle aus ländlichen Räumen mit all den bekannten menschlichen Problemen und gesellschaftspolitischen Implikationen kommen? Die zweite Gruppe von Kritikern bezweifelte nun genau die Möglichkeit, die Erfolge der regionalen Wirtschaftspolitik der Bundesregierung im angegebenen Umfang zu steigern. Sie wurden dadurch widerlegt, daß statt der Zielziffern von 20 000 sogar mehr als 42 000 neue Arbeitsplätze der Förderung im Jahre 1969 zuzurechnen sind, daß nach vorläufigen Ermittlungen diese Zahl in 1970 nochmals überschritten wird und die vorliegenden Anträge noch kein plötzliches Ende des Investitionsbooms in Fördergebieten erkennen lassen.

Sicherlich war der starke konjunkturelle Aufschwung eine wichtige Voraussetzung für diese Erfolge, hatte sich doch in der vorausgegangenen Rezession erneut gezeigt, daß bei allgemein fehlender Investitionsneigung die Instrumente der Regionalpolitik stumpf werden. Andererseits reicht die Hochkonjunktur, wie auch die geringeren Erfolge in früheren Boomperioden zeigen, als einzige Erklärung nicht aus. Vielmehr haben wir hier die Resultate einer planmäßigen Verbesserung des Systems der regionalen Wirtschaftspolitik vor uns. Schon während der Rezession, die mit hohen Arbeitslosenziffern an der Ruhr und im Bayerischen Wald, in Ostfriesland und im Eifelraum das Interesse der Öffentlichkeit nach langem wieder auf die Existenz ungelöster Regionalprobleme lenkte, liefen entsprechende Vorbereitungen an. Die Mittel der beiden Konjunkturhaushalte des Jahres 1967 wurden bereits mit Vorrang in die zu fördernden Gebiete gelenkt und trugen dort dazu bei, den Rückstand in der Ausstattung mit Infrastruktur zu verringern. Ein sogenanntes Gemeinsames Strukturprogramm und verschiedene zusätzliche ERP-Programme schlossen sich mit derselben Zielsetzung an. Schließlich konnten alle in den Vorschlägen des Bundeswirtschaftsministers 1968 angekündigten Neuerungen zügig verwirklicht werden. Man kann diese mit drei Stichworten kennzeichnen: höhere Incentives, mehr Geld, bessere Planung.

Die Anreize, in den förderungsbedürftigen Gebieten zu investieren, wurden durch die Einführung einer 10 %igen steuerfreien Investitionszulage rückwirkend ab 1. Januar 1969 erheblich verbessert. Diese Zulage stellt heute die Basisförderung dar. Sie wird von den Finanzämtern aus dem Aufkommen an Einkommen- und Körperschaftssteuern gezahlt, wenn der Antragsteller eine Bescheinigung des Bundesministers für Wirtschaft vorlegt, in der die besondere Förderungswürdigkeit und das Vorliegen einer Reihe weiterer Voraussetzungen gemäß § 1 Abs. 4 des Investitionszulagengesetzes bestätigt wird. Da die Investitionszulage das Aufkommen an Einkommen- und Körperschaftssteuer kürzt, wird sie von Bund und Ländern gemeinsam getragen. Unter den Ländern werden die finanzstarken, die häufig die Steuersitze der Antragsteller, seltener aber die begünstigten Investitionsorte aufweisen, relativ stärker belastet. Die Steuerausfälle wurden bei Verabschiedung des Gesetzes auf rund 300 Mio. DM jährlich geschätzt. Das Bundeswirtschaftsministerium hat gegenwärtig bereits Bescheinigungen über ein Investitionsvolumen von rd. 10 Mrd. DM erteilt. Dieses Volumen wird sich auf Grund schon vorliegender Anträge noch erhöhen. Wenn man aber nichtzulagefähige Investitionsbeträge absetzt und berücksichtigt, daß sich die Investitionen über einen Zeitraum von mindestens 3 Jahren verteilen, ergibt sich ziemlich genau der o.a. Schätzbetrag der Steuerausfälle. Allerdings ist das Bundeswirtschaftsministerium bereits bei 24 Ablehnungsfällen in Prozesse verwickelt, in denen es um die Frage geht, ob der unbestimmte Rechtsbegriff „volkswirtschaftlich besonders förderungswürdig", der in § 1 Abs. 4 des Investitionszulagengesetzes enthalten ist, vom Bund zu eng ausgelegt wird.

Zur Investitionszulage kommen im einzelnen Förderungsvorhaben regelmäßig noch Zuschüsse aus dem Bundeshaushalt hinzu, die allerdings steuerlich wirksam sind. Durch

Kumulation beider Hilfen — teilweise auch mit Darlehen der Bundesanstalt für Arbeit — werden schließlich die jeweils zulässigen Förderungshöchstsätze erreicht, die je nach Dringlichkeit und Handicap in den einzelnen Schwerpunkten zwischen 10 und 25 % Verbilligung der Investitionskosten differieren. Bereits ein rein nominaler Vergleich mit anderen Ländern zeigt, daß die Bundesrepublik heute viel von ihrer früheren Stellung als „beihilfepolitischer Musterknabe" innerhalb des Gemeinsamen Marktes verloren hat. Noch deutlicher wird dies, wenn man auch noch die Steuerfreiheit eines Teils der Hilfen berücksichtigt, die in unseren Nachbarländern nicht üblich ist.

Die Investitionszulage ist als Förderungsinstrument auch deshalb so interessant, weil sie gewinnträchtige Unternehmen, die in den schwachstrukturierten Gebieten dringend erwünscht sind, besonders anspricht. Hinzu kommt der Umstand, daß auch hohe Einzelbeträge — etwa 100 Mio. DM, nämlich 10 v.H. eines Investitionsvorhabens von 1 Mrd. DM — aus dem Steueraufkommen eher verfügbar sind als aus einem begrenzten Haushaltsmittelfonds. Tatsächlich werden Zuschüsse des Regionalen Förderungsprogramms bei Großprojekten nur für die ersten 100 Mio. DM Investitionsbetrag gewährt, während für die Investitionszulage eine solche Obergrenze nicht zweckmäßig erscheint und auch rechtlich kaum möglich wäre. Die deutsche Regionalpolitik verfügt also über ein ungewöhnlich kraftvolles Anreizinstrumentarium, dessen wettbewerbs-, verteilungs- und standortpolitische Nebenwirkungen andererseits Anlaß zu Sorgen geben, die hier nicht weiter diskutiert werden sollen.

Als zweite Neuerung neben den eben erörterten Incentives ist die erheblich verbesserte finanzielle Ausstattung zu nennen. Während das Regionale Förderungsprogramm der Bundesregierung 1967 noch mit 170,5 Mio. DM dotiert war, wurde sein Volumen seit 1969 auf jährlich 323,8 Mio. DM erhöht. Hinzu tritt ebenfalls seit 1969 das jährliche Investitionszulagenvolumen von rund 300 Mio. DM; gibt zusammen über 600 Mio. DM Zuschüsse. Berücksichtigt man schließlich die zinsgünstigen Kredite des ERP-Sondervermögens (rund 300 Mio. DM) und der Bundesanstalt für Arbeit (rund 200 Mio. DM) sowie die Zuschüsse und Darlehen der Länder (rund 350 Mio. DM), so ergibt sich ein verplanbares Finanzvolumen von fast 1,5 Mrd. DM. Rechnet man die darin enthaltenen Darlehen auf ihre Zuschußwerte um, dann sind es beinahe 1 Mrd. DM Zuschüsse, die heute den Bundesfördergebieten zur Verfügung stehen. Bei einem Vergleich mit der Vergangenheit ist noch zu berücksichtigen, daß früher auch im Regionalen Förderungsprogramm die Darlehensfinanzierung im Vordergrund stand. Der zinsgünstige Kredit betrug zum Beispiel bei der Errichtung oder Erweiterung eines gewerblichen Betriebes 50 v.H. der Investitionskosten. 1 DM Bundesmittel induzierte damals 2 DM Investitionen. Dieser Multiplikator 2 ist durch die Umstellung auf reine Zuschußförderung stark vergrößert worden; das induzierte Investitionsvolumen hat sich dadurch mehr als verdreifacht. Im Strukturbericht 1970 der Bundesregierung werden demgemäß die — allein mit Bundesmitteln — geförderten Investitionen mit 630 Mio. DM für 1967 und mit 3920 Mio. DM für 1969 angegeben.

Neben verbesserten Instrumenten und verstärkten Förderungsmitteln ging es uns drittens um eine bessere Planung: Es galt die Effizienz dieser kostspieligen Veranstaltung zu steigern. In den Jahren 1969 und 1970 wurden 20 Regionale Aktionsprogramme erarbeitet, in denen erstmalig Bundes- und Landesmittel gemeinsam verplant und auf eine Fünfjahresperiode — mit jährlicher Fortschreibung — projektiert wurden. Diese Programme stellen gewissermaßen den Abschluß einer zwanzigjährigen Entwicklung der deutschen Regionalpolitik dar, und zwar ausgehend von der Notstandsbekämpfung bis zur umfassenden Verbesserung der regionalen Wirtschaftsstruktur. Auf diesen Entwicklungsgang soll zunächst noch einmal kurz zurückgeblendet werden.

Obwohl nach dem Grundgesetz die regionale Wirtschaftsförderung primär eine Angelegenheit der Länder ist, hat die Bundesregierung schon 1951 eine wichtige regionalpolitische Initiative entwickelt. Unter Kriegsfolgen leidende Gebiete wurden mit den traditionellen Rückstandsgebieten zusammen als sog. Notstandsgebiete ausgewiesen, die später Sanierungsgebiete genannt und schließlich 1963 unter der Bezeichnung Bundesausbaugebiete neu abgegrenzt wurden. Charakteristisch für diese Kategorie ist ihr Entwicklungsrückstand; es handelt sich hierbei im wesentlichen um agrarische Problemgebiete. Dem 1951 geschaffenen Regionalen Förderungsprogramm der Bundesregierung wurde im Jahre 1953 eine zweite Aufgabenstellung zugewiesen: die Förderung des Zonenrandgebietes. Durch Beschluß des Deutschen Bundestages als rd. 40 km breiter Streifen entlang des Eisernen Vorhang abgegrenzt, erstreckt sich das Zonenrandgebiet zwischen Flensburg und Paussau, ist sehr heterogen und war teilweise mit den seinerzeit abgegrenzten Notstandsgebieten identisch. Schließlich kam in den 60er Jahren eine dritte Gebietskategorie hinzu: industrielle Problemgebiete. Im wesentlichen ging es dabei um flankierende Maßnahmen zum montanwirtschaftlichen Strukturwandel, vor allem im Ruhrgebiet und im Saarland.

Diese Vielfalt des regionalpolitischen Engagements der Bundesregierung, das außerdem noch durch zahlreiche Maßnahmen der einzelnen Landesregierungen ergänzt, teilweise vielleicht auch in seiner Wirkung neutralisiert wurde, bedurfte dringend einer Neuordnung, die schließlich in Form Regionaler Aktionsprogramme vollzogen wurde. Schon 1959 war im Anschluß an die vorangegangene primitive „Industrie-aufs-Land-Politik" ein sog. Entwicklungsprogramm für zentrale Orte in ländlichen, schwachstrukturierten Gebieten eingeleitet worden. Entwicklungsfähige Klein- und Mittelstädte — später Bundesausbauorte genannt — wurden als künftige Kristallisationskerne des regionalen Industrialisierungsprozesses nach und nach in eine besondere Förderung einbezogen. Mit den Regionalen Aktionsprogrammen wurde schließlich das Schwerpunktprinzip in der deutschen Regionalpolitik konsequent durchgesetzt. Zugleich wird der Entwicklungsfähigkeit bei der Fixierung der Prioritäten Vorrang gegeben vor dem Begriff Bedürftigkeit. Die Fläche der Fördergebiete wird zur Kulisse, vor der sich die Handlung auf sorgfältig ausgewählte Schwerpunkte konzentriert.

Im Vollzug dieses Schwerpunktdenkens und in der Absicht, so viel wie möglich vom „Wildwuchs" der Landesförderung mit in dieses bundesweit abgestimmte System einzubeziehen, sind schließlich 20 Regionale Aktionsprogramme erarbeitet worden, die zwar 58 % der Fläche und 32 % der Einwohner der Bundesrepublik umfassen, in denen sich aber die Förderung weitgehend auf 294 gewerbliche Schwerpunkte — darunter rund 50 übergeordnete Schwerpunkte — konzentriert. Ein Höhepunkt der Fördergebietsausdehnung ist damit zweifellos erreicht, ein Maximum an Koordination aber auch. Künftig gilt es über ein noch auszubauendes System der Erfolgskontrolle solche Gebietsteile und Schwerpunkte auszuschließen, in denen die fixierten Entwicklungsziele offensichtlich erreicht sind. Durch Ausschluß der Schwerpunkte Salzgitter, Peine, Kassel, Schweinfurt, Saarlouis und Homburg/Saar im Jahre 1970 von der Förderung weiterer Industrieansiedlungsvorhaben wurde bereits ein diesbezügliches Signal gesetzt.

Die konsequente Anwendung des Schwerpunktprinzips gilt auch für die Hilfen für den immer kostspieliger werdenden Ausbau der Infrastruktur. Die nur begrenzt verfügbaren Förderungsmittel stiften dann den höchsten Nutzen, wenn sie im wesentlichen den

Gemeinden vorbehalten bleiben, die für die Ansiedlung neuer leistungsstarker Industriebetriebe als besonders geeignet anzusehen sind. Solche Gemeinden müssen selbstverständlich auch hinsichtlich des Arbeitskräftepotentials einen ausreichend großen Einzugsbereich aufweisen. In den gewerblichen Schwerpunkten sind dann aber auch Erschließungsmaßnahmen auf Verdacht gerechtfertigt, insbesondere der Vorratserwerb und die Vorratserschließung von Industriegelände durch die öffentliche Hand. Auf die gewerblichen Schwerpunkte sind schließlich auch Maßnahmen, die den Wohn- und Freizeitwert erhöhen, zu konzentrieren.

Außerhalb der Schwerpunkte wird — von ganz bestimmten Ausnahmen abgesehen — die Industrieansiedlung nicht mehr gefördert. Auf diese Weise bleibt auch das Arbeitskräftereservoir, das selbst in den Förderungsgebieten nicht mehr unbegrenzt groß ist, für die im Schwerpunkt ansiedelnden Betriebe ungeschmälert. Im Schwerpunkt findet die Industrie neben Arbeitskräften und verbesserter Infrastruktur auch sich entwickelnde Agglomerationsvorteile, d. h. für die weitere Expansion günstige Standortbedingungen.

In so „aufgebauten" Standortgemeinden verstärkt sich die Wirkung der zusätzlichen Investitionshilfen, die den Unternehmen unmittelbar gewährt werden können, in enormer Weise. Hier sind sie nicht mehr überwiegend Ausgleich für Kostennachteile, die sich nach der Theorie aus Mängeln in der Infrastruktur und fehlenden Agglomerationsvorteilen ergeben. Hier sind Investitionshilfen überwiegend als Anreize zu verstehen, als Kostenvorteile, die dann zwar große regionalpolitische Erfolge, aber auch eine Reihe unerwünschter Nebenwirkungen erklären.

Demgemäß scheint auch, was die Höhe der Investitionsanreize anbetrifft, unter deutschen Verhältnissen ein Höhepunkt erreicht zu sein. Eine allmähliche Reduzierung der Präferenzen sollte alsbald eingeleitet werden; die dabei eingesparten Mittel kämen dem verstärkten Ausbau der Infrastruktur unmittelbar zugute. Verringerung der Interventionsorte als Ergebnis einer Erfolgskontrolle einerseits und allgemeiner Abbau der Subventionen andererseits — diese zwei Vorgänge müssen bei gleichbleibendem Volumen an Förderungsmitteln zu einer Konzentration aller Anstrengungen auf hartnäckige Regionalprobleme führen mit der Aussicht, diese endgültig zu lösen.

Eine systematische Erfolgskontrolle muß von den Zielen ausgehen, die man im Rahmen der einzelnen Regionalen Aktionsprogramme anstrebt. Diese sind je nach Ausgangslage des jeweiligen Aktionsraumes recht unterschiedlich. Während im Bayerischen Wald nach wie vor die Ansiedlung neuer Industriebetriebe im Vordergrund der Bemühungen steht und es ferner die mit dem Fremdenverkehr gegebenen Erwerbsmöglichkeiten zu nutzen gilt, sollen im Oberfränkischen Aktionsraum, der einen über dem Bundesdurchschnitt liegenden Industriebesatz und gleichzeitig extrem niedrige Lohn- und Gehaltssummen je Kopf der Beschäftigten aufweist, die vorhandenen Erwerbsmöglichkeiten gesichert und qualitativ verbessert werden. Mit den Planzielen für neu zu schaffende und zu sichernde Arbeitsplätze einerseits und den seit 1. Januar 1970 statistisch komplett erfaßten Förderungsvorhaben andererseits sind bereits erste Vergleichsrechnungen möglich.

Aufgabe einer noch weiter auszubauenden Erfolgskontrolle soll jedoch nicht nur die Festlegung des Erfolgs, sondern auch die Entdeckung des Mißerfolgs sein. Es besteht die Vermutung, daß nicht alle der 294 gewerblichen Schwerpunkte, die in den 20 Regionalen Aktionsprogrammen ausgewiesen sind, reüssieren werden. Besonders im süddeutschen Raum mußte so mancher Kompromiß geschlossen und manches „Schwerpünktchen" vom Bund anerkannt werden. Deshalb sollen künftig alle Schwerpunkte 3 Jahre nach ihrer

Anerkennung genau überprüft werden, ob sie 1. als saturiert entlassen werden können oder ob sie 2. gute Fortschritte machen und noch weiter gefördert werden müssen oder ob sie 3. ein Fehlschlag waren, dessen Ursachen dann zu analysieren wären. Erscheinen die Gründe für den Fehlschlag ausräumbar — etwa Beschaffung fehlender Industriegeländes —, dann sollen Land und Gemeinde dies so schnell wie möglich tun. Eine weitere Frist von 2 Jahren schließt sich zur Beobachtung an. Orte, die auch diese Frist nicht nutzen können oder für die von vornherein keine ausräumbaren Standortnachteile zu entdecken waren, sind auf der Liste der Förderungsschwerpunkte zu löschen.

Für die künftige Ausgestaltung der regionalen Wirtschaftspolitik sind zwei Änderungen bei den Rahmenbedingungen bedeutsam: Erstens ist die Verbesserung der regionalen Wirtschaftsstruktur durch Gesetz zur Gemeinschaftsaufgabe erklärt worden; zweitens wird eine Abstimmung und Intensivierung der Regionalpolitik auf der Ebene der Europäischen Gemeinschaften immer dringlicher. Eine von der Kommission dem Ministerrat zugeleiteter Entscheidungsvorschlag hat allerdings keine allzu großen Erfolgschancen. Das darin vorgesehene Instrument der Zinsbonifikationen stößt auf sehr spezifische Bedenken. Und es stellt sich überhaupt die Frage, ob nicht ein so konstruierter europäischer Regionalfonds die Nachteile kumuliert, einerseits angesichts starker Produktivitätsunterschiede zwischen den regionalen Extremfällen Europas in der Wirkung zu schwach zu sein, andererseits die Weichen in Richtung auf eine zentralistische Regionalpolitik zu stellen, die wir im föderalistischen System der Bundesrepublik gerade abzubauen beginnen.

In Deutschland bedeutet der Übergang in die gesetzlichen Regelungen der Gemeinschaftsaufgabe eine Stärkung der Rolle der Länder. Sie führen die einzelnen Maßnahmen durch, während der Bund sich lediglich an der Aufstellung und Fortschreibung des Rahmenplanes und an dessen Finanzierung mit 50 % der Gesamtaufwendungen beteiligt. Im Rahmenplan werden nur Spielregeln fixiert; Einzelheiten sind Sache der Länder. Hinsichtlich sektorieller Implikationen, die mit einzelnen, insbesondere größeren gewerblichen Investitionsvorhaben verbunden sein könnten, kommt allerdings eine Mitwirkung des Bundes im Einzelfall indirekt über das Investitionszulagengesetz zustande, weil dieses eine Prüfung durch den Bundesminister für Wirtschaft als Voraussetzung für die Gewährung von Investitionszulagen vorsieht.

Im übrigen wird die Aufstellung des ersten Rahmenplanes zum 1. Januar 1972 dadurch erleichtert, daß — so lautet ein entsprechender Grundsatzbeschluß des Planungsausschusses — das System der Regionalen Aktionsprogramme diesem Rahmenplan zugrundegelegt werden soll. Tatsächlich sind diese Programme stets mit Blick auf die beginnende Gemeinschaftsaufgabe erarbeitet worden. Vielleicht können sie eines Tages auch für die Konstruktion einer europäischen Regionalpolitik beispielhaft sein.

Die Lokalfinanzmasse als Ordnungsfinanz

von

Bruno Weinberger, Köln

Formuliert man das Thema als Frage, so wird deutlich, daß seine inhaltlichen Bezüge ganz wesentlich über den Bereich des kommunalen Finanzsystems hinausweisen. Es hieße dann: „Auf welche Ordnung soll ein kommunales Finanzsystem abgestimmt sein?"

Dieses „auf welche Ordnung" fordert mich also zunächst zu einer Stellungnahme auf, welches die gesellschaftspolitischen oder staatspolitischen Leitbilder sind, die in die Gestaltung der Kommunalfinanz mehr oder weniger direkt als Werthaltung einfließen sollen.

Wie schwierig schon vom Methodischen her der Aufbau einer solchen in sich geschlossenen Konzeption ist, zeigt folgende — fingierte — Situation: Es werde eine bestimmte Raumordnungspolitik vertreten, die in ihren finanzpolitischen Weiterungen mit dem Prinzip der kommunalen Selbstverwaltung und damit der kommunalen Finanzautonomie nicht vereinbar ist. Welche der beiden Zielsetzungen, so müßte man dann fragen, ist das gesellschafts- oder staatspolitisch wichtigere, damit es zu Recht das andere als nur subsidär geltend in den Hintergrund drängen dürfte?

Ich könnte es mir an dieser Stelle einfach machen und das tun, was man vielleicht von einem Vertreter der kommunalen Spitzenverbände erwartet: nämlich mich zur kommunalen Selbstverwaltung als der in dieser Frage entscheidenden Zielvorstellung bekennen. Die Folgeargumentation wäre dann absehbar. Am Ende stände die Forderung nach einer Finanzverfassung in der Form des gebundenen Trennsystems mit eigenen, hebesatzfähigen Steuerquellen der Gemeinden, die sowohl die Ausgaben des laufenden als auch die des Investitionshaushaltes voll abdecken. Diese Form der — man konnte versucht sein, zu sagen — legalistischen Argumentation wäre aber sicherlich wenig befriedigend. Ich darf deshalb einmal von den Problemen der kommunalen Selbstverwaltung absehen und meine Aussagen ausschließlich vom Blickwinkel der Raumordnungspolitik her aufbauen.

In der vierten der zwölf Thesen des Deutschen Städtetages zur Strukturpolitik heißt es unter anderem: „Eine bestimmte räumliche Verteilung der Bevölkerung als Selbstzweck kann nicht Ziel der Regionalpolitik sein. Die Regionalpolitik muß berücksichtigen, wo die Bevölkerung in Zukunft wohnen möchte"... Und weiter: „Der aggregierte Individualwille der Bevölkerung muß respektiert werden. Eine gegen den Willen und die Interessen der Bevölkerung erzwungene Bevölkerungsverteilung ist inhuman. Deshalb darf auch die Abwanderung aus Regionen geringeren Entwicklungspotentials nicht verhindert werden."

Nun mag dieser Forderung dem ersten Augenschein nach der „Geruch" einer „Haus-Ideologie" anhaften. Denn meist wird — zu Unrecht übrigens — vorausgesetzt, daß sich auch weiterhin der Anteil der Bevölkerung, der in Agglomerationen lebt, relativ zur Gesamtbevölkerung vergrößern werde. Danach sei es dann nur noch eine Frage der Logik, daß auch eine Lokalfinanzmasse als Ordnungsfinanz diese Entwicklung als Datum hinzunehmen und sie möglichst ohne große Reibungsverluste zu flankieren habe.

Mit der oben zitierten These ist natürlich nicht eine so undifferenzierte Sicht einer Raumordnungspolitik im Laissez-faire-Stil verbunden, wie ich sie eben zu skizzieren versucht habe. Gemeint ist zunächst einmal nur die formale Freiheit, zwischen mehreren Alternativen des Standortes oder Wohnortes wählen zu können. Die eigentliche Problematik beginnt erst mit der Frage, wieweit man private Wanderungsentscheidungen frei zulassen will oder wieweit Wanderungsziele der sogenannten Faktoren Arbeit und Kapital beeinflußt werden sollen.

Ich möchte mich der heutigen Realsituation zunächst schrittweise nähern, indem ich einen fiktiven Fall als Beispiel wähle: Es sei angenommen, in einer Volkswirtschaft würde die Siedlungsverteilung überwiegend durch natürliche Stand(Wohn-)ort-Faktoren, d. h. ohne staatlichen oder/und kommunale Beeinflussung bestimmt, einer z. B. für die Zeit der ersten industriellen Revolution durchaus noch sinnvollen Prämisse. Geht man weiterhin davon aus, daß es den zuständigen politischen Instanzen um die größtmögliche Steigerung des Volkswohlstandes zu tun sei, so wären die Handlungsmöglichkeiten einer Raumordnungspolitik mit den Mitteln der Kommunalfinanz stark begrenzt. Es wäre dann tatsächlich — wie oben schon formuliert — nur noch eine Frage der Logik, daß das kommunale Finanzsystem zusammen mit anderen Instrumenten der Raumordnungspolitik seine Ordnungsfunktion darin fände, die Wanderungen der „Privaten" zu den ihnen gemäßen, *natürlich* qualifizierten Stand- und Wohnorten ohne große Reibungen zu flankieren. Im Sinne des Postulates der Mehrung des Volkswohlstandes erschiene es dann z. B. als widersinnig, solche Gemeinden mit hohen Zuweisungen zu subventionieren, die sich nur durch geringe natürliche Standortqualitäten auszeichneten.

Der Kern der heutigen Probleme der Raumordnungspolitik wird freilich erst getroffen, wenn man die obige Annahme der Priorität *natürlicher* Standortfaktoren aufgibt. Wenn man zu den natürlichen Standortfaktoren *künstliche*, d. h. von Menschenhand zu schaffende, hinzufügt und damit die Standortstruktur verändert, wo liegt *dann* die „optimale Siedlungsstruktur", die ein entsprechend ausgestaltetes Kommunalfinanzsystem begünstigen sollte?

In dieser Frage haben sich in der Nachkriegsdiskussion bekanntlich zwei Parteien gebildet. Ich meine die Anhänger einer zunehmend verdichteten Siedlungsstruktur und die Verfechter einer relativ gleichmäßigen Streuung der Stand- und Wohnorte über das gesamte Staatsgebiet. Versteht man, wie in diesem Zusammenhange bereits akzeptiert, die Kommunalfinanz als Raumordnungsfinanz, so bleibt dem Referenten eine Stellungnahme zu den genannten zwei Positionen natürlich nicht erspart. Allerdings ist es innerhalb des mir zeitlich gesetzten Rahmens nur möglich, auf mir besonders wichtig erscheinende Aspekte einzugehen.

Doch vorab folgendes zum Prinzip: Ganz gleich, ob man eine zunehmende Agglomeration für förderlich hält oder eine Nivellierung des Siedlungsgefüges, die augenblicklich existierende Verteilung von Stand- und Wohnorten in der Bundesrepublik Deutschland ist zunächst ein Faktum. Wir sollten deshalb auch davon ausgehen, daß sich eine

Änderung aktueller Siedlungsformen — ganz gleich in welcher Richtung — nur schrittweise vollziehen kann.

Ich darf in diesem Zusammenhang KARL R. POPPER[1]) zitieren: „Der Stückwerk-Ingenieur weiß, daß wir nur aus unseren Fehlern lernen können. Daher wird er nur Schritt für Schritt vorgehen und die erwarteten Resultate sorgfältig mit den tatsächlich erreichten vergleichen, immer auf der Hut vor dem bei jeder Reform unweigerlich auftretenden unerwünschten Nebenwirkungen. Er wird sich auch davor hüten, Reformen von solcher Komplexität und Tragweite zu unternehmen, daß es ihm unmöglich wird, Ursachen und Wirkungen zu entwirren und zu wissen, was er eigentlich tut."

Wir brauchen im übrigen nicht allzuviel Phantasie — weil wir Beispiele haben —, welche sozialen Folgen allzu abrupte Wanderungsbewegungen auslösen können. Ähnliche, wenn nicht schlimmere Folgen hätte es, würde plötzlich und in starkem Maße kommunale Finanzmasse den Agglomerationsräumen entzogen.

Es ist deshalb — und das sollten wir methodisch festhalten — zumindest mittelfristig unerheblich, ob der mit dem Schlagwort „Brechtsches Gesetz" umschriebene Tatbestand, wonach mit wachsender Bevölkerungsdichte auch der Finanzbedarf pro Kopf der Bevölkerung wächst, ein echter, mit der Gemeindegröße wachsender Mehrbedarf ist oder nur Ausdruck eines überhöhten Kostenniveaus der Kollektivgüterproduktion in hoch verdichteten Räumen. *Finanzbedarf* ist er auf jeden Fall und muß zumindest in dem Maße gedeckt werden, daß es nicht zu stärkeren Friktionen kommt.

Die Verfechter der Aktivsanierung bemängeln diesen Tatbestand, sind aber umgekehrt der Meinung, daß die Subventionierung bestimmter Landstriche so unwirtschaftlich sein kann wie sie will: Wären diese Gebiete durch weitere Abwanderung vom Schicksal der Verödung bedroht, so müßten sie, wenn man das Leitbild einer voll entwickelten Industrienation akzeptiert, u. a. durch einen entsprechenden Transfer öffentlicher Kaufkraft davor geschützt werden.

Es liegt also ein gewisser Widerspruch vor, es wird mit ungleichen Maßstäben gemessen. Während einerseits die Agglomeration unter dem Kriterium der Wirtschaftlichkeit beurteilt wird, werden andererseits die Passivräume sozialpolitischen Kriterien unterworfen. Eine Bemerkung am Rande: Die Entwicklung geht langsam aber sicher dahin, die sozialpolitisch gewichtigeren Probleme in der Agglomeration zu sehen bzw. anzuerkennen.

Ich möchte hier meine Überlegungen zunächst vorläufig zusammenfassen: Geht man davon aus, daß Agglomeration und Passivräume unvermeidbar sind und insofern auch finanziert werden müssen, dann würde die Deckung aller jener Bedarfe, die aus den gegebenen und kurzfristig nicht veränderbaren Verhältnissen resultieren, eine bestimmte Finanzmasse erfordern, die ich mit dem Begriff „*Strukturfinanz*" belegen will. Ihr gegenüber stünde dann die „Ordnungsfinanz", die all jene Reste der kommunalen Finanzmasse umfaßt, die für raumordnungspolitische Zwecke zur Verfügung stände. Unter den heutigen Voraussetzungen, wonach die Finanzpolitik den Gesamtbedarf der Gemeinden nicht ausreichend berücksichtigt, müßte die Strukturfinanzmasse auf jeden Fall den überwiegenden Teil der Gesamtfinanzmasse der Kommunen stellen.

Doch nun zur Verteilung der *Ordnungsfinanz*. Die Alternative würde lauten: Soll die als Ordnungsfinanz bezeichnete öffentliche Kaufkraft überwiegend in Ballungsräume oder in die Entwicklung ländlicher Gebiete fließen?

---

[1]) Das Elend des Historizismus. Tübingen 1965, S. 54.

Ich glaube, ich kann es mir an dieser Stelle sparen, die bekannten Positionen der Großstadtkritik und ihrer Antipoden zu nennen. Vielmehr möchte ich mich auf eine wirtschaftspolitische Betrachtungsweise beschränken. Es geht in diesem Zusammenhang um die These, daß die von der Siedlungsdichte abhängigen sozialen Grenzkosten einen U-förmigen Verlauf aufweisen, wobei mit Sozialkosten die Summe aus den Vermeidungskosten der privaten Wirtschaftssubjekte und den Vermeidungskosten der öffentlichen Haushalte gemeint ist. Die sogenannten „Nachteile der Weite" machen nach dieser Ansicht eine dünne Besiedlungsform ebenso unwirtschaftlich, wie die sogenannten „Nachteile der Enge" eine zu hohe Agglomeration. Dabei ist zu beachten, daß diese negativen Effekte zum Teil regional extern auftreten. Entweder tragen Wirtschaftssubjekte anderer Regionen sie direkt mit (z. B. Luftverschmutzung durch Industrie), oder sie werden als Transfers zusätzlicher öffentlicher Kaufkraft (Finanzzuweisungen) wirksam, die diese Kosten vermeiden helfen sollen. Dadurch erscheinen Ballungsgebiete in den Wanderungsüberlegungen der „Privaten" deshalb günstiger als sie es in Wahrheit für die Volkswirtschaft sind, weil die privaten Wirtschaftssubjekte die Ballungskosten, die sie verursacht haben, meist selbst gar nicht tragen müssen.

So plausibel die hier in groben Zügen referierte Modellvorstellung auf den ersten Blick auch sein mag, so wenig tragfähig erweist sie sich bei genauerem Hinsehen. Die wichtigsten Gegenargumente möchte ich der Einfachheit halber ebenfalls thesenartig formulieren:

1. Es gibt keine klare Trennung zwischen sozialen Kosten und Erträgen, denn die Vermeidung der Sozialkosten wird in der volkswirtschaftlichen Gesamtrechnung als Teil des Sozialprodukts geführt. Wenn beispielsweise durch die Luftverunreinigung und Lärmbelästigung die Zahl der Krankheitsfälle erhöht wird, so steigt das Sozialprodukt um die zusätzlich einzusetzenden ärztlichen Leistungen.

2. Hiermit ist zugleich eine zweite Problematik des „U-Kosten-Modells" angesprochen. Agglomerationsräume sind nicht allein danach zu beurteilen, welche Kosten sie verursachen; genauso muß einbezogen werden, welche zusätzlichen Vorteile diese Räume für die Volkswirtschaft schaffen. Zumindest spricht einiges dafür, daß die pro-Kopf-Wertschöpfung in den Ballungsräumen tendenziell höher ist als in anderen Regionen.

3. Ferner wirken regionale Preisunterschiede verfälschend auf die Ergebnisse einer solchen Analyse ein. Wichtig bei Vergleichen der Leistungsfähigkeit verschiedener Regionen ist also nicht das nominale, sondern das reale Inlandsprodukt.

4. Außerdem ist zu berücksichtigen, daß Agglomerationsräume eine Reihe von externen Vorteilen für das Umland bieten, die dem Umland kostenlos zur Verfügung gestellt werden.

5. Aber selbst, wenn man auf eine Berücksichtigung des „Ertragsgesichtspunktes" verzichtet und sich auf eine bloße Kostenbetrachtung beschränkt, ist die Modell-Vorstellung eines U-förmigen Kostenverlaufs nicht ohne Kritik zu übernehmen. Die Gesamtdurchschnittskosten einer Agglomeration sind als Summe von Einzelkostenverläufen zu denken. Es ist dann kaum damit zu rechnen, daß alle diese Kostenverläufe im gleichen Bereich ihr Minimum erreichen. Vielmehr ist es denkbar, daß der Bereich des Gesamtkostendurchschnittsminimums sich auf ein so breites Spektrum von Gemeindegrößen verteilt, daß eine eindeutige Aussage über die gerade noch günstige Agglomeration und die bereits jenseits des Optimums liegende Gemeindegröße nicht mehr möglich ist. Zumindest spricht in Deutschland einiges dafür, daß so gut wie keine

Stadt das Größenoptimum überschritten hat. Zudem ist mit diesen Kostenverläufen eine statische Betrachtung verbunden. Genauso wie man in der Betriebswirtschaft mit wachsender Betriebsgröße auf andere Produktionsfunktionen übergeht, genauso ist es denkbar, daß Gemeinden mit wachsender Gemeindegröße neue Formen finden, ihre Agglomerationsprobleme zu bewältigen (z. B. aufgelockerte Siedlungsweise, gut ausgebautes Verkehrsnetz usw.), ohne daß dabei die Kosten pro Kopf ins Unvertretbare steigen.

6. Schließlich wäre noch zu klären, inwieweit die Einzelkostenverläufe bei empirischen Untersuchungen noch dadurch verzerrt werden, daß sie Leerkosten, d. h. Fixkosten, die zur Zeit nicht genutzt werden, widerspiegeln.

Wenn z. B. eine kleine Gemeinde ein Entsorgungsnetz baut und dabei schon einen künftigen, weitaus höheren Bedarf antizipiert, so kann man nicht behaupten, sie arbeite auf diesem Sektor wesentlich teurer, als eine andere, größere Gemeinde, die sich in ihrem Entsorgungsnetz am augenblicklichen Bedarf orientiert. Übrigens kann weiterhin die unterschiedliche Qualität der erstellten Infrastruktur den Kostenverlauf verzerren.

Mir ist klar, daß diese hier nur in Stichworten vorgetragene Kritik an der These des U-förmigen Ballungskostenverlaufs und eines wie auch immer zu fixierenden Ballungsoptimums sich natürlich auch gegen die Ansicht verwenden läßt, je dichter die Agglomeration, je höher seien auch die Wachstumschancen einer Wirtschaft. Mit dem Hinweis auf das eindeutig höhere Sozialprodukt pro Kopf in den Agglomerationsgebieten läßt sie sich nämlich kaum rechtfertigen.

Ich darf mich also dem Urteil O. BOUSTEDTS anschließen, wenn er zur Frage nach der optimalen Stadtgröße feststellt: „Für ihre Beantwortung konnte bisher weder eine geeignete Methode entwickelt werden, noch liegen ausreichende Unterlagen für die Beurteilung dieser komplexen Materie vor. ... Die Beantwortung dieser Frage im siedlungswirtschaftlichen Bereich (ist) vermutlich überhaupt nicht möglich"[2]).

Die Konsequenzen, die wir m. E. daraus zu ziehen haben, liegen in folgendem: Einigkeit über ein konkretes Leitbild der Raumordnung läßt sich allenfalls in Bezug auf sogenannte „Zentrale-Orte-Programme" erzielen. Deren Sinn, kommunale Dienste in Mittelpunktsgemeinden zu bündeln und damit die Versorgung der Umlandgemeinden mit öffentlichen Leistungen auf rationelle Weise sicherzustellen, bleibt unbestritten. Damit ist jedoch noch keine Klarheit über die zukünftige räumliche Verteilung der Bevölkerung auf die einzelnen Kategorien dieser zentralen Orte bzw. ihres Einzugsbereiches geschaffen.

Soll die gesamte Bevölkerung im Jahre 2000 in und um Riesenzentren des Musters Boswash, Chipitts und Sansan angesiedelt sein, oder soll sie sich möglichst weitgestreut auf ein dichtes Netz von Ober-, Mittel- und Kleinzentren verteilen?

Wer Mut zum Bekenntnis hat, der möge das für sich entscheiden, ich kann es an dieser Stelle nicht.

Trotz dieser Unsicherheit der raumordnungspolitischen Zielfunktion ist es aber möglich, zu einigen dezidierten Aussagen einer Kommunalfinanz als Raumordnungsfinanz zu kommen.

Es käme m. E. im Prinzip nur darauf an, die schon angesprochenen positiven *und* negativen Wirkungen der Agglomerationsräume verursachungsgerecht mit dem Mittel

---

[2]) Zum Problem der Abgrenzung von Verdichtungsräumen. Bad Godesberg 1968, S. 70.

des kommunalen Finanzsystems zu verteilen, wenn nicht exakt so doch wenigstens tendenziell. Die *Gemeinden* müßten dann im vertikalen Verbund *insgesamt* soviel eigene Finanzmasse übertragen bekommen, wie sie zur Erfüllung ihrer Aufgaben benötigten. Für die *einzelne Gemeinde* wäre es sinnvoll, wenn die kommunalen Finanzen so ausgestaltet werden könnten, daß die Gemeinde tendenziell ein geschlossener Rechnungskreis werden kann. Gemeint ist damit, daß die Gemeinde die Vor- und Nachteile ihrer Tätigkeit im eigenen Einnahmesystem zu spüren bekommt. Vorwiegend für den Fall, daß die Vorteile einer gemeindlichen Tätigkeit auf das Umland strömen, ohne daß das Umland dafür bezahlt, wäre eine Kompensation durch einen horizontalen Finanzausgleich bzw. einen vertikalen mit horizontalem Effekt angebracht.

Auf diese Weise gelänge es, die Ökonomie des jeweiligen Verdichtungsgrades mit all seinen Vor- und Nachteilen wieder in die Wanderungsentscheidungen der Faktoren „Arbeit" und „Kapital" einzuführen. Wäre hohe Verdichtung wirklich mit einer Kostenprogression der öffentlichen und privaten Güterproduktion verbunden, so würde sie radiziert in den privaten und öffentlichen Wirtschaftsrechnungen des Ortes erscheinen, sei es in Form hoher privater Kosten, sei es in Form hoher Hebesätze oder durch ein niedriges Versorgungsniveau mit öffentlichen Leistungen. Möglich wäre aber auch das Gegenteil. Agglomerationsräume erwiesen sich dann sowohl vom Kosten- als auch vom Leistungsniveau her den weniger verdichteten Räumen überlegen. Ihre „Hebesätze" wären vergleichsweise niedrig, und sie zeichneten sich durch ein relativ hohes Versorgungsniveau mit öffentlichen Leistungen aus. In beiden Fällen wären dann sicher Wanderungsbewegungen in günstiger agglomerierte Gebiete mit dem gewünschten Ergebnis der Steigerung des Volkswohlstandes zu verzeichnen.

Die optimale Raumordnung ist also vom Ergebnis her nicht prognostizierbar, aber sie wäre — immer unter der Voraussetzung der verursachungsgerechten Anlastung positiver und negativer externer Effekte — auf lange Sicht in der Tendenz identisch mit dem eingangs zitierten „aggregierten Individualwillen der Bevölkerung" und würde damit wohlstandssteigernd wirken.

Ich bin mir darüber im klaren, daß es im Grunde kein Steuersystem gibt, das die Funktion des geschlossenen Rechnungskreises voll erfüllen kann. Es wäre allenfalls möglich, über ein sehr differenziertes Gebührensystem diesen Effekt zu erreichen; aber wir brauchen uns darüber nicht zu unterhalten. Für das kommunale Steuersystem jedoch ergäbe sich aus diesen an sich richtigen Grundgedanken lediglich, daß die Gemeinden solche Steuern erhalten sollten, über die sie individuell verfügen können, so daß die Kosten des Raumes bewußt gemacht werden können.

Ich muß aber jetzt abschließend noch einmal an die Unterscheidung zwischen Strukturfinanz und Ordnungsfinanz erinnern. Zunächst und für absehbare Zeit muß jede Finanzpolitik von der *realen* Lage und damit von den *aktuellen* Finanzbedarfen der Gemeinden ausgehen. Die Finanzpolitik muß zwangsläufig einen mehr flankierenden als konzeptionellen Charakter haben. Längerfristig sollte sich der konzeptionelle Charakter doch stärker in den Vordergrund schieben, mit dem Ziel:

— die Gemeinden prinzipiell auf Eigeneinnahmen zu verweisen, die auch Spiegelbild der agglomerationsabhängigen Kosten und Erträge sind,
— den allgemeinen Finanzausgleich so zu gestalten, daß er primär die Funktion erhält, Leistungen zentraler Orte für das Umland auszugleichen (pos. externe Effekte),
— Investitionszuschüsse des Landes und des Bundes auf das Maß zu reduzieren, welches unbedingt erforderlich ist, um landesplanerisch koordinierend und ggf. konjunkturpolitisch steuernd wirksam werden zu können.

Raumordnungsaspekte in der kommunalen Finanzreform und im Finanzausgleich

von

Otto Barbarino, München

Die Untersuchung, die zum Ziel hat, die Beziehungen zwischen kommunaler Finanzwirtschaft und Raumordnung zu analysieren und daraus Orientierungsdaten für die Landesplanung zu gewinnen, bezieht sich gleichermaßen auf die Ausstattung der Gemeinden mit eigenen Finanzierungsquellen, wie auf den kommunalen Finanzausgleich. Beide sind eng miteinander verflochten, bedingen sich gegenseitig und ihre Abgrenzung ist fließend.

Um den Platz der Gemeinden im öffentlichen Gesamthaushalt, ihre eigenen finanziellen Möglichkeiten und das Gewicht des kommunalen Finanzausgleichs zu veranschaulichen, seien zunächst einige Größenordnungen und Relationen genannt. Nach der Finanzstatistik der letzten Jahre sind an den von Doppelzählungen bereinigten Gesamtausgaben der öffentlichen Verwaltung, also des Bundes, des Lastenausgleichs und ERP-Vermögens, der Länder und Hansestädte sowie der Gemeinden und Gemeindeverbände — 1968 eine Summe von 173,5 Mrd. DM —, die Kommunen (ohne Hansestädte) mit 28 bis 30 %/o beteiligt, wenn man die Ausgabensumme danach aufgliedert, von welchen Haushalten die Mittel ihrem Zweck zugeführt werden. Die Finanzstatistik nennt diese Beträge unmittelbare Ausgaben. Legt man hingegen der Einteilung zugrunde, von welchen Haushalten die Mittel bereitgestellt und finanziert werden — die Finanzstatistik bezeichnet sie als Nettoausgaben —, so errechnet sich der kommunale Anteil nur mit 21 bis 22 %/o, also um ein Viertel niedriger. Daraus folgt, daß von den unmittelbar geleisteten Kommunalausgaben, die immerhin nahezu drei Zehntel des Gesamtaufwands der öffentlichen Verwaltung ausmachen, nur rd. drei Viertel aus eigener kommunaler Finanzkraft geleistet werden, während das restliche Viertel durch Zuweisungen der Länder und des Bundes, also aus dem Finanzausgleich im weitesten Sinn gedeckt wird. Mit diesem Viertel sind die Kommunen Kostgänger des Staates. Eine Forderung der Kommunen zur Finanzreform war daher die Stärkung ihrer Finanzautonomie.

Es gibt jedoch keine autonome Ausstattung der Gemeinden, die so vollkommen wäre, daß man auf einen Finanzausgleich verzichten könnte. Denn die Unterschiede in den Strukturen der einzelnen Gemeinden — das gilt von ihrer Wirtschafts- und Einnahmekraft ebenso wie von ihrer Aufgabenstellung — sind allzu groß, als daß man dafür einen Konfektionsanzug schneidern könnte, der allen Gemeinden sitzt und für alle Zeiten paßt. Ist aber der Finanzausgleich nicht zu entbehren, so stellt sich die Frage, in welchem Verhältnis er zur kommunalen Finanzausstattung stehen soll. Und hier setzt der Interessenkonflikt unter den Gemeinden ein. Naturgemäß drängen die wirtschaftlich besser gestellten Gemeinden mit größerem Nachdruck auf eine höhere Finanzausstattung, insbesondere auf eine höhere Beteiligung an den Steuerquellen, als die wirtschaftlich schwächeren. Sie verlangen vor allem Gemeindesteuern, über deren Ausschöpfung sie selbst entscheiden können, akzeptieren aber ersatzweise auch eine kommunale Beteiligung an den Steuereinnahmen des Staates, sofern die Überweisungsanteile — nach dem örtlichen Aufkommen bemessen — ihrer überdurchschnittlich hohen Wirtschaftskraft entsprechen. Die wirtschaftlich schwächeren Gemeinden dagegen wissen, daß ihnen die Zuteilung weiterer Steuerquellen wenig nützt. Ihr Interesse geht vielmehr dahin, daß der Staat die Leistungen im Finanzausgleich erhöht.

Diese Leistungen können sich zwar in der Summe nach bestimmten Steuereinnahmen des Staates richten — man spricht dann von Steuerverbund —, wesentlich ist jedoch, daß sie nach anderen Gesichtspunkten als nach denen des örtlichen Aufkommens verteilt werden. Sie sollen die kommunale Einnahmekraft gerade in den Fällen, in denen sie unzureichend ist, ergänzen, allzu große interkommunale Unterschiede ausgleichen und subsidiäre Hilfe zur Bewältigung bestimmter kommunaler Aufgaben leisten. Deutlich erkennbar fühlen sich die finanzschwächeren Gemeinden als Kostgänger des Staates weniger beschwert als die finanzstärkeren. Ihr Hauptanliegen bei der Finanzreform, die zu Lasten des Bundes und der Länder gehen mußte, wenn für die Gemeinden etwas herauskommen sollte, war daher, daß sie den Ländern keinen Anlaß geben dürfe, den kommunalen Finanzausgleich zu verkürzen.

Die Finanzausstattung der Gemeinden und der Finanzausgleich würden nur dann eine den interkommunalen Interessenkonflikt annähernd neutralisierende Kombination bilden, wenn die Gemeinden zwar in einem möglichst großen Umfang mit eigenen Steuereinnahmen versehen würden, aber nur mit solchen, die keine allzu großen Unterschiede im örtlichen Aufkommen aufweisen. Damit spreche ich aus, daß es keinen absoluten Maßstab kommunaler Steuerkraft gibt. Das örtliche Gefälle des Steueraufkommens ist bei jeder Steuer verschieden und hängt von der Steuerart und vom Steuerrecht ab. Es ist bei der Einkommensteuer anders als bei der Vermögensteuer oder bei der Umsatzsteuer. Es ist bei einer progressiven Einkommensteuer erheblich größer als bei einer proportionalen Einkommensteuer oder gar bei einer klassifizierten, praktisch ohne Freibetrag ausgestatteten Kopfsteuer, wie es seinerzeit die Bürgersteuer war. Bei ihr gab es in der örtlichen Steuerkraft kaum nennenswerte Unterschiede. Bei den Realsteuern ist das Gefälle der Gewerbesteuer weitaus höher als das der Grundsteuer. Daher ist es von entscheidender Bedeutung, mit welchen Steuerquellen die Gemeinden ausgestattet werden.

Grundsätzlich gehören die Steuern mit dem höchsten Gefälle ihres örtlichen Aufkommens — wie z. B. eine progressive Einkommensteuer — nicht in die Hand der Gemeinden, sondern des Staates, zumal sie in der Regel auch die am stärksten konjunkturempfindlichen Steuern sind. Mißachtet man diesen Grundsatz und überläßt solche Steuern den Gemeinden, so muß nachfolgend der Finanzausgleich um so mehr strapaziert werden, um die allzu großen Gegensätze in der örtlichen Steuerkraft wieder auszugleichen. Etwas anderes ist es, wenn der Staat im Weg des Steuerverbunds einen bestimmten Teil des Aufkommens solcher Steuern bereitstellt, um sie nach Ausgleichsgesichtspunkten an die Gemeinden zu verteilen.

Verfügen die Gemeinden nur über Steuerquellen, deren örtliches Steuerkraftgefälle maßvoll ist, so braucht auch der Finanzausgleich nur maßvoll zu ergänzen, was die eigene

Ausstattung der Gemeinden nicht leistet. Er kann sich darauf beschränken, die schwächsten Gemeinden instandzusetzen, ihre Pflichtaufgaben zu erfüllen und im übrigen nur dort zu helfen, wo einer Gemeinde ein einmaliges größeres Vorhaben oder eine von anderen Gemeinden nicht zu tragende Sonderlast nicht allein zugemutet werden kann. Diesem idealtypischen Verhältnis von Finanzausstattung und Finanzausgleich ist die POPITZsche Finanzreform der dreißiger Jahre sehr nahe gekommen. Seit 1930 mit der gewiß problematischen, aber ausgleichsneutralen Bürgersteuer ausgestattet, hatten die Gemeinden 1936 die Realsteuergarantie erhalten, nach der sie über Grundsteuer und Gewerbesteuer ausschließlich und eigenverantwortlich verfügen konnten. Auch die sonstigen Gemeindesteuern, die man unter dem Begriff Bagatellsteuern zusammenfaßt, bedeuteten damals noch mehr als heute. Diese kommunale Ausstattung ergänzte POPITZ 1938 durch einen Finanzausgleich, den ersten, der diesen Namen wirklich verdiente. Er hat sich im wesentlichen darauf beschränkt, die Steuerkraftunterschiede maßvoll auszugleichen. Das wohldurchdachte Schlüsselzuweisungssystem, damals zu diesem Zweck eingeführt, war in der POPITZschen Konzeption noch nahezu identisch mit dem Finanzausgleich. In der Zwischenzeit haben wir uns von dieser Kongruenz weit entfernt. Auf das Schlüsselzuweisungssystem wie auch auf die Verlagerung der Gewichte im kommunalen Finanzausgleich wird später noch einzugehen sein.

Die Forderung, die Gemeinden nicht mit Steuerquellen auszustatten, die Gegensätze aufreißen, welche nachfolgend der Finanzausgleich wieder auszugleichen bemüht werden muß, darf nicht dahin verstanden werden, daß einer hemmungslosen Nivellierung der kommunalen Finanzkraft das Wort geredet wird. Jeder Versuch, Finanzkraftunterschiede der Kommunen auszugleichen, muß dort enden, wo das Interesse der Gemeinden an der Pflege eigener Wirtschafts- und Steuerkraft und an der eigenständigen Bewältigung kommunaler Aufgaben zu erlahmen beginnt. Größere Unterschiede in der kommunalen Steuerkraft sind vor allem dann gerechtfertigt, wenn ein sichtbarer Zusammenhang zwischen einer hohen kommunalen Steuerkraft und der Höhe kommunaler Belastung besteht. Außerdem muß das örtliche Aufkommen der kommunalen Steuereinnahmen auch örtlich radizierbar sein. Beides trifft bei der Gewerbesteuer zu, während bei den Personalsteuern — ob Lohnsteuer, Einkommensteuer oder Körperschaftsteuer — die oft überörtlich erwirtschafteten, aber am Steuersitz des Unternehmens oder der Lohnabrechnungsstelle aufkommenden Steuern jedenfalls vor 1970 nicht zerlegbar waren und schon aus diesem Grund der Zusammenhang mit den kommunalen Lasten nicht so eindeutig erkennbar ist wie bei der Gewerbesteuer.

Um diese Feststellungen konkret zu unterbauen, soll an dieser Stelle auf die jüngste kommunale Finanzreform eingegangen werden. Ihre Aufgabe, den eigenen finanziellen Spielraum der Gemeinden neu zu ordnen, sollte auf zwei Ziele ausgerichtet werden, nämlich quantitativ auf Mehrung und qualitativ auf bessere Ausgewogenheit der kommunalen Steuerquellen. Daß bis zur Finanzreform die Einnahmedecke der Gemeinden zu kurz und ihre Ausstattung mit Steuerquellen unzureichend war, ließ sich allein schon aus ihrer hohen Verschuldung ablesen. Sie war keineswegs mit der hohen Investitionstätigkeit der Gemeinden zu rechtfertigen. Denn mehr als zwei Drittel der kommunalen Investitionen sind unrentierlicher Aufwand, der die Kommunen mit hohen Folgekosten belastet. Man durfte daher die Gemeinden nicht länger zur Finanzierung ihres Investitionsaufwands allein auf den Kapitalmarkt verweisen.

Noch interessanter als das quantitative Ziel der Reform — höhere Beteiligung der Gemeinden an der gemeinsamen Finanzmasse — ist für unser Thema das qualitative Ziel, eine bessere Zusammensetzung der kommunalen Steuerquellen zu erreichen. Um die Mängel des bisherigen kommunalen Steuersystems zu erläutern, muß man noch einmal an die Finanzreform der dreißiger Jahre anknüpfen. Abgesehen von der Bürgersteuer, deren Austausch mit einer sozial gerechteren Personalsteuer vom Anfang ihres Bestehens an als Forderung im Raum stand, war damals die Ausstattung der Gemeinden mit eigenen Steuerquellen quantitativ und qualitativ einigermaßen befriedigend. Aber dieser Zustand dauerte nicht lange. Als man 1942 die Bürgersteuer kriegsbedingt beseitigte, hat man diesen Akt mit dem Versprechen versehen, sie spätestens zwei Jahre nach dem Krieg durch eine Gemeindeeinwohnersteuer zu ersetzen. Nach dem Krieg hat die Bundesrepublik im Grundgesetz die Realsteuergarantie zugunsten der Gemeinden erneuert, aber das Versprechen, die Gemeinden in geeigneter Weise an den Personalsteuern zu beteiligen, wurde mehr als zwanzig Jahre lang nicht eingelöst. Jeder Vorschlag, der auch nur entfernt an die frühere Bürgersteuer erinnerte, wurde abgelehnt.

So wurde das kommunale Steuersystem einseitig auf die Realsteuern ausgerichtet. Mehr als 95 % des Aufkommens entfielen vor der Reform auf sie. Abgesehen davon, daß diese Kopflastigkeit der Realsteuern der kommunalen Selbstverwaltung nicht bekömmlich war — denn es waren fast ausschließlich die Haus- und Grundbesitzer und die Gewerbetreibenden, die die kommunale Steuerlast aufzubringen hatten —, haben sich nach dem Zweiten Weltkrieg die Gewichte im Aufkommen der Realsteuern immer mehr verschoben. Das Steueraufkommen der Gemeinden — 1968 rd. 14,8 Mrd. DM — hatte sich seit 1951 vervierfacht. Aber diese Zunahme beruhte in erster Linie auf der Gewerbesteuer. Erbrachte sie schon 1951 rd. 58 % des gesamten kommunalen Steueraufkommens, so waren es 1968 bereits 78 %. Diese mit weitem Abstand gewichtigste Gemeindesteuer bedeutet jedoch den Landgemeinden so gut wie nichts und industriearmen kleineren Städten sehr wenig. Zudem hat man den Freibetrag der Gewerbeertragsteuer zweimal beachtlich angehoben, so daß viele kleine Gewerbetreibende aus der Steuerpflicht ausgeschieden oder nur noch geringfügig belastet sind. Die Gewerbesteuer ist damit überwiegend zur Industriesteuer geworden, und die örtlichen Steuerkraftunterschiede wurden dadurch noch mehr verschärft.

Das einseitig auf die Realsteuern ausgerichtete kommunale Steuersystem der letzten 20 Jahre hat also durch das Übergewicht der Gewerbesteuer die Industriegemeinden begünstigt. Faßt man Grundsteuer und Gewerbesteuer unter dem Begriff der Realsteuerkraft zu einem kombinierten Ausdruck zusammen, so mag es zwar nicht besonders auffallend sein, wenn beispielsweise München über eine Realsteuerkraft verfügt, die dreieinhalb- bis viermal so groß ist wie die durchschnittliche Realsteuerkraft der bayerischen Gemeinden in der Größenklasse bis 3000 Einwohner. Denn der kommunale Aufwand für einen Münchner ist vier- bis fünfmal so hoch wie der für einen Landbewohner. Aber die Unterschiede in der Realsteuerkraft waren um so größer, je weiter man in der Gemeindegrößenklasse nach unten ging. Dank der Gewerbesteuerkomponente hatten gerade kleinere Industriegemeinden eine besonders hohe Realsteuerkraft. Das hat teilweise sogar zur Bildung von Steueroasen geführt, weil sich solche Gemeinden mit einem niedrigen Hebesatz der Gewerbesteuer begnügen konnten und damit noch Industrie anzogen. Freilich hatte nach dem Zweiten Weltkrieg die Schwerkraft der Gewerbesteuer auch einen Vorteil. Die Bemühungen der Landesplanung um eine gestreute Industrialisierung wären nicht annähernd so erfolgreich gewesen, wenn nicht die Aussicht auf gute Einnahmen aus der Gewerbesteuer viele Bürgermeister und Landräte veranlaßt hätte, sich für ihren Bereich um einen Industriebetrieb zu bemühen. Benachteiligt waren durch dieses kommunale Steuersystem eindeutig die Wohngemeinden. Zwar wurde in den Flächenländern der

Bundesrepublik ein sogenannter Gewerbesteuerausgleich zwischen Betriebsgemeinden und Wohngemeinden durchgeführt, aber damit wurde das Problem nur unzureichend und nur für die Pendler gelöst. Bäuerliche Landgemeinden, fast ausschließlich auf die magere landwirtschaftliche Grundsteuer angewiesen, zeichneten sich durch eine besonders geringe Steuerkraft aus. Daran wird sich freilich auch künftig nicht sehr viel ändern. Weder die neue Einheitsbewertung noch die Einkommensteuerbeteiligung wird diesen Gemeinden einen nennenswerten Zuwachs an Steuerkraft bringen. Sie werden in hohem Maß ausgleichsbedürftig bleiben. Aber auch industriearme Städte, deren Bedeutung darauf beruht, daß sie Verwaltungs-, Versorgungs- und Schulzentren sind, waren unter dem bisherigen System enorm steuerschwach. Nicht zuletzt von ihnen, die zwar gewerbesteuerschwach, aber nicht in gleichem Maß einkommensteuerschwach sind, ging die berechtigte Forderung nach einer Einkommensteuerbeteiligung der Gemeinden aus. Städte und Industriegemeinden hatten ursprünglich wohl gehofft, daß die Realsteuerquellen den Gemeinden unverkürzt belassen würden, daß sie also die Einkommensteuerbeteiligung zusätzlich erhielten. Dem stand jedoch die von der öffentlichen Meinung unterstützte Forderung entgegen, daß die großen Unterschiede in der Gewerbesteuerkraft abgebaut werden müßten. So leitete man eine Finanzreform, deren Hauptziel es sein sollte, den Anteil der Gemeinden an der gemeinsamen Finanzmasse zu erhöhen, damit ein, daß man ihnen ihre ertragreichste Steuer — das gilt jedenfalls für die meisten Städte und alle Industriegemeinden — zu einem erheblichen Teil entzog.

Die kommunale Finanzreform mußte die Gemeinden in zweifacher Hinsicht enttäuschen. Es kam nicht zu einer eigenen Gemeindeeinkommensteuer mit beweglichen Hebesätzen, wie sie die Troegerkommission vorgeschlagen hatte, sondern nur zu einer unselbständigen Beteiligung der Gemeinden an der staatlichen Einkommensteuer in Höhe von 14 % des Bruttoaufkommens der Lohn- und der veranlagten Einkommensteuer in jedem Land. Diese Überweisungsanteile wurden nach der letzten Lohn- und Einkommensteuerstatistik auf die Wohnsitzgemeinden der Steuerpflichtigen aufgeteilt. Aber sie wurden den Gemeinden nicht unentgeltlich überlassen. In Form einer Umlage wurde ihnen dafür ein erheblicher Teil der Gewerbesteuer entzogen. Auf die Meßbeträge der Gewerbeertrags- und der Gewerbekapitalsteuer bezogen und mit einem einheitlichen Hebesatz, der auf den Durchschnitt hin nivelliert, vervielfacht, sind es 40 %. Trotzdem ist durch diesen Austausch der Steuerquellen der finanzielle Spielraum der Kommunen fühlbar — ich sage nicht ausreichend — erweitert worden. Beispielsweise flossen 1970 den bayerischen Gemeinden aus der Einkommensteuerbeteiligung rund 1160 Mio. DM zu, während ihnen durch die Gewerbesteuerumlage 840 Mio. DM entzogen wurden. Im Saldo gewannen sie also 320 Mio. DM. Der qualitative Gewinn besteht darin, daß durch den Teilentzug von Gewerbesteuer die übergroßen Unterschiede der Realsteuerkraft erheblich verringert werden und durch die Einkommensteuerbeteiligung die bisherige Benachteiligung der Wohngemeinden weitgehend beseitigt wird.

Das Ausmaß, in dem die Steuerkraftverhältnisse der Industrie- und Wohngemeinden gegenseitig angenähert wurden, mag richtig sein. Sicher könnten alle Gemeinden eine weitere Anreicherung ihrer neu begründeten Einkommensteuerkraft vertragen. Aber die Gewerbesteuerkraft dürfte aus Rücksicht auf die mittleren und kleineren Industriegemeinden nicht noch weiter geschmälert werden.

So falsch es war, das kommunale Steuersystem einseitig auf die Realsteuern auszurichten, ebenso falsch wäre es, wenn man es nur auf die Personalsteuern zuschneiden würde. Die Industrie bringt jeder Gemeinde erhöhte kommunale Lasten, die in ihrer

Steuerleistung einen Ausgleich finden müssen. Andernfalls erlahmt das Interesse der Gemeinden an der Ansiedlung von Industrie, die es künftig schwer hätte, noch Standorte zu finden. Dieser Zusammenhang zwischen den kommunalen Lasten einer Industriegemeinde und ihren Einnahmen aus der Gewerbesteuer ist für mittlere und kleinere zentrale Orte von größerer Bedeutung als für die Großstädte, deren nivellierende Kraft den Gegensatz zwischen Wohn- und Betriebsgemeinde nach dem Gesetz der großen Zahl in sich selbst weitgehend ausgleicht. Wer im Interesse einer gesunden Raumordnung eine gestreute Industrialisierung anstrebt, muß daher dem Bund der Steuerzahler widersprechen, der die Gewerbesteuer gänzlich beseitigen möchte. Gewiß ist die Gewerbesteuer ein Residuum des französischen Ertragsteuersystems, das noch auf die Physiokraten zurückgeht. Wenn es wirklich richtig ist, daß sie in unser heutiges, weitgehend auf die Personalsteuern aufgebautes Steuersystem nicht mehr hineinpaßt, so ist der gleiche Einwand auch gegen die Grundsteuer zu erheben. Letztlich kommt es aber auf die Funktion an, die eine Steuer ausübt. Sie liegt bei der Gewerbesteuer darin, daß sie einen unmittelbaren Zusammenhang zwischen den von der Industrie verursachten kommunalen Lasten und ihrer Steuerleistung herstellt. Man mag die Gewerbesteuer reformieren oder durch eine anders benannte Abgabe ersetzen, wesentlich ist, daß auf diese Funktion nicht verzichtet werden kann. Eine noch so hohe Einkommensteuerbeteiligung wäre kein gleichwertiger Ersatz für eine dafür gänzlich entfallende Gewerbesteuer. Die Gemeinden wären dann nur noch bestrebt, ihre Wohnsiedlungsgebiete zu erweitern, aber Industrie möglichst fern zu halten.

Noch zu einem weiteren Punkt der kommunalen Finanzreform ist eine kritische Bemerkung angebracht. Die Troegerkommission, die ja eine eigenständige Gemeindeeinkommensteuer vorgeschlagen hatte, wollte diese Steuer, ausgerichtet nach dem Wohnsitzprinzip, aus der sogenannten Proportionalzone der staatlichen Einkommensteuer herausschneiden. Diesem Vorschlag wurde nur insoweit entsprochen, als die kommunalen Überweisungsanteile aus der Einkommensteuer lediglich 1970 und 1971 nach der sogenannten Proportionalzone auf die Wohnsitzgemeinden verteilt wurden. Aber auf Betreiben der Großstädte kam es zu einem Beschluß des Bundestags, nach zwei Jahren des Übergangs die Gemeinden bis zu Einkommensbeträgen von 80 000 bzw. 160 000 DM auch an der Progressionszone zu beteiligen. Wäre dieser Beschluß vollzogen worden, so wären erneut und in erheblichem Umfang örtliche Steuerkraftunterschiede aufgerissen worden, die der Finanzausgleich wieder hätte schließen müssen. Zudem wären diese Unterschiede viel sinnloser gewesen, als sie bisher bei der Gewerbesteuer bestanden. Wenn eine Gemeinde ein hohes Gewerbesteueraufkommen hat, so verrät das, daß sie Industrie beherbergt, die regelmäßig auch kommunale Lasten verursacht. Der kommunale Anteil an der Progressionszone der Einkommensteuer würde aber mit weitem Abstand dort am höchsten sein, wo die Leute mit den hohen Einkommen ihren Wohnsitz haben. Das ist nicht immer der Ort, wo die Betriebe und Vermögen liegen, aus denen sie ihr Einkommen beziehen. Ein solcher Betrieb verursacht wohl der dortigen Betriebsgemeinde, nicht aber der Wohngemeinde des in einer hohen Progressionsstufe Besteuerten kommunale Lasten. Ein Teil der Großstädte und kleinerer Wohngemeinden, die wegen ihrer Lage, ihrer landschaftlichen Schönheit und ihrer Ausstattung mit kulturellen Einrichtungen, kurzum wegen ihres hohen Freizeitwerts gerade von den reicheren Leuten bevorzugt werden, würden ungerechtfertigt bereichert. Diese Überlegungen, ergänzt durch überzeugende Probeberechnungen, konnten den Bundestag veranlassen, seinen Beschluß abzuändern. Nach dem revidierten Beschluß greift seit 1972 die kommunale Einkommensteuerbeteiligung nur geringfügig in die Progressionszone über. Dadurch, daß sie im wesentlichen in der Proportionalzone bleibt, wird es später auch möglich werden, sie zur Stärkung der kommunalen Finanzautonomie doch noch in eine Gemeindesteuer mit beweglichen Hebesätzen umzuwandeln.

Die Gemeindefinanzreform hat eine Angleichung im System der Schlüsselzuweisungen notwendig gemacht. Bisher ausschließlich auf die Realsteuerkraft aufgebaut, war die Einkommensteuerbeteiligung in die kommunale Steuerkraft einzubeziehen und die Gewerbesteuerkraft um die Umlage zu verkürzen. Dieser Hinweis auf das Schlüsselzuweisungssystem sollte auf die Behandlung des kommunalen Finanzausgleichs überleiten. Vorbereitend sind aber noch einige Leitgedanken zur Raumordnung zu formulieren, um die raumordnerische Funktion des Finanzausgleichs daran messen zu können.

Die Finanzpolitik hat an der Landesentwicklung allein schon deshalb ein lebhaftes Interesse, weil nur sie den Spielraum zu erweitern vermag, in dem sich die Finanzpolitik bewegen kann. Will der moderne Staat mit seinen wachsenden Aufgaben fertig werden, ohne fortgesetzt den Steuerdruck erhöhen zu müssen, so muß er allen anderen Aufgaben voran die Wirtschaft des Landes und ihre Entwicklung fördern, um auf diese Weise auch ihre Steuerkraft stetig zu steigern. Wer aber erfolgreiche Landesentwicklung in diesem Sinn treiben will, darf sich in der Förderung nicht auf wenige örtliche Schwerpunkte beschränken, sondern muß alle entwicklungsfähigen Regionen in sie einbeziehen. In den strukturschwächsten Gebieten können sogar die größten Entwicklungsreserven liegen. Gewiß können natürliche Standortnachteile der wirtschaftlichen Entwicklung einzelner Landesteile oder Gemeinden Grenzen setzen. Aber durch Maßnahmen der Infrastruktur, insbesondere durch eine gute Verkehrserschließung, können sie mindestens teilweise behoben werden. Zudem ist die Verkehrsbenachteiligung mancher Gebiete oft gar nicht auf natürliche Gegebenheiten, sondern einfach darauf zurückzuführen, daß sie die Politik früherer Jahrzehnte vernachlässigt hat. So ist die Verkehrserschließung in Bayern vom Eisenbahnbau des 19. bis zum Autobahnbau des 20. Jahrhunderts allzu einseitig auf die Metropole München ausgerichtet gewesen, während man den Diagonalverbindungen zu wenig Interesse gewidmet hat.

Eine zielbewußte Politik der Landesentwicklung darf sich nicht in Maßnahmen zur Verbesserung der Infrastruktur erschöpfen. Erst die Industrialisierung der entwicklungsfähigen Gebiete erfüllt die Strukturpolitik mit Inhalt und das Land mit wirtschaftlichem Leben. Unbeschadet der Notwendigkeit, daß die Industrie ihre Standortvorteile möglichst wahren muß, soll sie im Sinn dezentralisierter Entwicklung möglichst breit über das Land gestreut werden. Wohl löst jede Industrialisierung einen Prozeß der Verstädterung aus. Es ist aber doch ein gewaltiger Untersied, ob sich die Industrie auf zahlreiche mittlere und kleine zentrale Orte verteilt oder ob sie zur Konzentration in wenigen Ballungsräumen führt. Denn diese Räume stellen uns, wie später noch ausführlich zu zeigen sein wird, vor wirtschaftliche, finanzielle und gesellschaftspolitische Probleme, deren Lösung zunehmend schwieriger und aufwendiger wird. Dagegen führt die gestreute Industrialisierung zu jener gesunden agrarisch-industriell gemischten Struktur, die Württemberg mit großem Erfolg seit 100 Jahren systematisch entwickelt hat. Diese Politik der dezentralisierten Industrieansiedlung geht dort auf einen einzigen Mann zurück, den ersten Präsidenten der württembergischen Landesgewerbeanstalt, STEINBEISS. Daß man seiner Konzeption bis in die Gegenwart hinein konsequent gefolgt ist, hat Württemberg eine hohe Steuerkraft und eine bemerkenswerte Krisenfestigkeit beschert. Die agrarisch-industriell gemischte Struktur hält viele Menschen auf dem Land, die sonst in die Ballungsräume abwandern würden. Der industrielle Arbeitsplatz in erreichbarer Nähe erlaubt es vielen von ihnen, Landwirte im Nebenerwerb zu bleiben. Eine gute Orts- und Landesplanung muß freilich dafür sorgen, daß eine unliebsame Begleiterscheinung der agrarisch-industriell gemischten Struktur vermieden wird, nämlich die Zersiedelung der Landschaft. Trotzdem ist es heute notwendiger denn je, die Politik der gestreuten Industrialisierung fortzusetzen, wenn die Abwanderung aus der Landwirtschaft nicht auch zu einer Entvölkerung des flachen Landes führen soll. Den in der Landwirtschaft freigesetzten Kräften müssen industrielle Arbeitsplätze in möglichster Nähe ihres bisherigen Wirkens geboten werden, um sie als Landwirte im Nebenerwerb im Dorf zu halten oder, wenn sie schon vom Dorf abwandern wollen, wenigstens in kleineren oder mittleren zentralen Orten abzufangen. Andernfalls wandern sie in die Ballungsräume ab oder werden zu unerwünschten Fernpendlern.

Bayern hat erst nach dem zweiten Weltkrieg versucht, in seiner Landesentwicklung durch eine Politik gestreuter Industrialisierung aufzuholen. Schlagartig vor die Aufgabe gestellt, zwei Millionen Heimatvertriebene eingliedern zu müssen, blieb gar keine andere Wahl, als eine dezentralisierte Industrieansiedlung zu improvisieren, da die größeren Städte noch zerstört und daher nicht aufnahmefähig waren. Wie glücklich und erfolgreich improvisiert wurde — vielleicht erfolgreicher als heute geplant wird —, kommt darin zum Ausdruck, daß seit 1958 die Zuwachsraten des Sozialprodukts und der Landessteuerkraft in Bayern fast regelmäßig über dem Bundesdurchschnitt liegen. Ein Drittel aller in der Bundesrepublik untergekommenen industriellen und mittelständischen Flüchtlingsbetriebe befindet sich heute in Bayern, dessen Anteil an der Bundesbevölkerung nur ein Sechstel ausmacht. Die Politik der gestreuten Industrialisierung wurde in Bayern fortgesetzt, als die Ansiedlung der Flüchtlingsbetriebe längst abgeschlossen war. Eine erfolgreiche Energiepolitik hat diesen Industrialisierungsprozeß wirksam unterbaut. Der Industrialisierungsprozeß ist in Bayern seit den fünfziger Jahren der notwendigen Ergänzung der Infrastruktur weit vorausgeeilt. Das war kein Nachteil, jedoch macht sich bis heute ein gewisser Nachholbedarf bemerkbar.

Erst seit etwa 10 Jahren wird in Bayern die dezentralisierte Landesentwicklung wieder in Frage gestellt. Denn der jeder Kontrolle entglittene Ballungsprozeß im Raum München übt einen derartigen Sog auf die Kräfte und Mittel des Landes aus, daß dadurch zwangsläufig die Möglichkeit, das übrige Land in seiner Entwicklung zu fördern, beeinträchtigt wird. Alle sonstigen Verdichtungsräume in Bayern — selbst der Raum Nürnberg—Erlangen oder das neu entstandene Industriegebiet um Ingolstadt — werfen nicht annähernd die gleichen Probleme auf wie die Stadtregion München.

Wer nicht rechtzeitig erkennt, was heute immer deutlicher in Erscheinung tritt, daß große Ballungsräume von einem gewissen Grad ihrer Entwicklung an unwirtschaftlich werden, und wer auch in einem solchen Stadium der Entwicklung noch zuläßt, daß sich Industrie, Verwaltung und kulturelle Einrichtungen fortschreitend in ihnen konzentrieren, wird bald erfahren, daß die Steigerung der Steuerkraft in einem solchen Raum wenig nützt. Wenn nämlich die Entwicklung jenes gewisse Optimum überschreitet, beginnen die unrentierlichen Investitions- und Folgelasten des Ballungsprozesses schneller zu wachsen als die Finanzkraft dieses Raumes, weil der Prozeß mit fortschreitender Verdichtung immer neue Aufgaben auslöst, vor allem auf dem Verkehrsgebiet, und der Aufwand dafür den Erfolg der Leistungssteigerung wieder mehr oder weniger aufzehrt. Trotz seiner hohen und weiter wachsenden Steuerkraft wird daher ein solcher Ballungsraum schließlich mit seinen Aufgaben selbst nicht mehr fertig. Wir werden noch am konkreten Beispiel eines Finanzausgleichs beobachten, welche Konsequenzen das haben kann.

Jede Verstädterung und Industrialisierung eines Raums erfordert schon von Anbeginn mehr oder weniger hohe, aber meist noch kalkulierbare Investitionen aus privaten und öffentlichen Mitteln. Die weitere Entwicklung führt aber dann zu Folgelasten, die in ihrer Höhe nicht immer vorauszusehen sind. Sie kommen überwiegend und zwangsläufig auf die öffentliche Hand zu und mindern damit den Erfolg der Bemühungen, die finanzielle Leistungsfähigkeit des Landes zu steigern. Denn die Hebung der Steuerkraft ist kein Selbstzweck, sondern wird nur mit dem Ziel betrieben, dem Staat die Bewältigung von Aufgaben zu ermöglichen, die andernfalls unbewältigt bleiben. Wird aber die mühsam erreichte Steuerkraftsteigerung, statt sie den vordringlichen zentralen Aufgaben des Landes nutzbar zu machen, durch neu auftretende zwangsläufige Ausgaben aufgezehrt, so ist der angestrebte Erfolg staatlicher Finanzpolitik in Frage gestellt. Die im Staatsinteresse erwünschten Aufgaben müssen insoweit unerfüllt bleiben, als sie von den zwangsläufig auftretenden aus ihrem Rang verdrängt werden. Solche zwangsläufige Aufgaben erfordern die in den Ballungsräumen immer vordringlicher werdenden Probleme des Umweltschutzes, der Müll- und Abwasserbeseitigung, der Reinerhaltung der Luft, vor allem aber die Lösung der Verkehrsprobleme.

Wann in der Entwicklung eines Ballungsraums jener Wendepunkt eintritt, von dem ab der Verdichtungsprozeß unwirtschaftlich zu werden droht, läßt sich freilich weder theoretisch, noch durch Vergleichsberechnungen zuverlässig ermitteln. Wohl aber gibt es im Finanzausgleich ein eindeutiges Symptom, an dem man den Schritt in die Gefahrenzone ablesen kann. Es tritt auf, wenn der Finanzausgleich — dieser im weitesten Sinn verstanden — seiner Zweckbestimmung, zwischen finanzschwachen und finanzstarken Gemeinden auszugleichen, untreu wird und den Großgemeinden trotz ihrer hohen Finanzkraft die höchsten Subventionen zuwendet. Eine solche Fehlentwicklung kann dadurch erzwungen werden, daß diese Großgemeinden die Folgelasten ihres Ballungsprozesses nicht mehr zu bewältigen vermögen.

Bevor ich diesen Vorgang näher darlege, möchte ich noch auf ein Argument eingehen, das zur Rechtfertigung eines schon unwirtschaftlich gewordenen Ballungsprozesses immer wieder vorgebracht wird. Wenn der Zustrom in die großen Städte nicht nachlasse, so lautet die Argumentation, so sei das doch der beste Beweis dafür, daß er soziologisch und wirtschaftlich seine guten Gründe habe. Daß es für einen solchen Zuzug soziologische Gründe gibt, wenn ein Ballungsraum wie München einen hohen Freizeitwert hat, ist nicht zu bestreiten. Aber dieser Freizeitwert beruht meist nicht allein auf Natur und Geschichte. Als Kulturzentrum verursacht München, um bei diesem Beispiel zu bleiben, besonders hohe Kosten, die zum überwiegenden Teil vom Staat, d. h. aus den Steuermitteln des ganzen Landes, bezahlt werden. Dieser Beitrag des Staates ist erheblich höher als in anderen Landeshauptstädten, ganz zu schweigen von jenen großen Städten, die nicht Landeshauptstädte sind, in denen also diese kulturellen Leistungen als kommunale Aufgaben erfüllt werden müssen.

Auch die Mittel des staatlichen Hochbaues, die heute hauptsächlich in die Hochschulen, in andere kulturelle Vorhaben oder in Bauten für zentrale Verwaltungen fließen, konzentrieren sich im wesentlichen in jenen Großstädten, die Hochschulstädte oder Landeshauptstädte sind. Das hat in München, wo beides zusammentrifft, schon seit vielen Jahren dazu beigetragen, daß die Stadt zum permanenten Brennpunkt der Baukonjunktur geworden ist. Auf den teuersten Böden und zu den höchsten Baukosten des Landes wurden längst überdimensionierte Hochschulen erweitert, bis man endlich zu dem Entschluß kam, auch anderwärts Hochschulen zu errichten. Selbst die Franzosen haben inzwischen aus den unhaltbar gewordenen Verhältnissen an der Pariser Sorbonne gelernt und sind dabei, diese Mammutuniversität zu dezentralisieren. Daß der Bau und Betrieb der Hochschulkliniken die Universitätsstädte in ihrem Krankenhauswesen entlastet, liegt auf der Hand.

Selbstverständlich gehen die Ballungstendenzen in einer großen Stadtregion nicht nur vom Sog der Hochschulen und Kliniken, der sonstigen kulturellen Einrichtungen und der zentralen Verwaltungen aus, vielmehr übt eine solche Stadtregion auch auf zahlreiche Firmen und je nach ihrem Freizeitwert auch auf viele Privatpersonen eine große Anziehungskraft aus. Hier stellt sich nun die entscheidende Frage, ob denn der Zustrom zu einem Ballungsraum wirklich schon den Beweis in sich trägt, daß es sich um einen volkswirtschaftlich sinnvollen Vorgang handelt. Daß eine wachsende Stadtregion weitere erwerbswirtschaftliche Kräfte anzieht, weil sie einen großen, ständig sich ausweitenden Markt bildet und eine ungeheure Konsumkraft entfaltet, ist selbstverständlich. Der private Unternehmer, der seinen Betrieb in ein Ballungszentrum verlegt, dort einen neuen Betrieb errichtet oder einen bestehenden erweitert, kalkuliert jedoch rein privatwirtschaftlich. Diese Kalkulation kann zwar trotz der höheren Kosten im Ballungsraum im Hinblick auf die voraussehbaren Preis- und Absatzchancen in sich richtig sein. Was er jedoch nicht kalkuliert, sind die mit jedem Zuzug wachsenden Gemeinkosten des Ballungsraums, die wohl die öffentliche Hand — und zwar zunächst als Kommune — aufzubringen hat, die aber in Form von erhöhten Steuern und Abgaben wieder auf die Privatwirtschaft zurückfallen können. Das kann einen Strich durch jede noch so sorgfältige privatwirtschaftliche Kalkulation machen.

Unterstellen wir einmal, daß der Fall wirklich eintritt, in dem die Gemeinden eines Ballungsraums ihre Steuersätze fühlbar erhöhen müssen, weil sie die zwangsläufig auf sie zukommenden Ausgaben anderweitig nicht mehr zu finanzieren vermögen. Dann wäre es mit ihrer Anziehungskraft wohl bald zu Ende, denn die erhöhten Steuersätze würden in die unternehmerische Kalkulation eingehen, der Zuzug von Firmen würde aufhören, der Baulust und Grundstücksspekulation würden Grenzen gesetzt, ja es könnte sogar zur Abwanderung von Betrieben in Gemeinden mit niedrigeren Hebesätzen kommen. Die Erfahrung zeigt jedoch, daß es dazu nicht kommt, und dies, obwohl in den großen Stadtregionen nahezu permanent ein Zwang besteht, die Hebesätze der Kommunalsteuern zu erhöhen. Ist aber Gefahr in Verzug, daß die Gemeinden eines Ballungsraumes den anderweitig nicht mehr zu deckenden Teil ihrer Gemeinkosten in erhöhten Kommunalsteuern auf die Wirtschaft umlegen müssen, daß also die wachsenden Gemeinkosten den erzielten oder erwarteten Erfolg der im Ballungsraum tätigen Erwerbswirtschaft mehr oder weniger aufzuzehren drohen, so werden die betreffenden Kommunen die bittere Konsequenz der Steuererhöhung nicht nur so lange wie möglich verzögern, sondern darüber hinaus Mittel und Wege suchen, um sie vollends zu vermeiden. Um ihrer Wirtschaft die zusätzliche Belastung zu ersparen, werden die Kommunen des Ballungsraums nichts unversucht lassen, diese Last auf eine andere Haushaltsebene, d. h. auf den Staat abzuwälzen.

Folgt dieser Staat dem Leitbild einer dezentralisierten Landesentwicklung, so müßte er konsequenterweise in einem solchen Fall die verlangte Finanzhilfe verweigern. Erfahrungsgemäß kann er es sich aber nicht leisten, die Kommunen eines Ballungsraums in Schwierigkeiten geraten zu lassen, die sich zu einer finanziellen und wirtschaftlichen Krise ausweiten könnten. Wenn sich einmal die Folgelasten des Ballungsprozesses für die Kommunen als untragbar erweisen, ist es längst zu spät, die Entwicklung noch korrigieren zu wollen. Das hätte früher geschehen müssen. Zudem hat in unserem demokratischen Massenstaat ein Ballungsraum ein Gewicht, das nicht unbeachtet bleiben kann. Auch das Gemeindesteuersystem spielt insoweit eine Rolle, als bis heute von den Gemeinden praktisch nur die Realsteuern nach eigenem Entschluß manipuliert werden können. Sie werden ausschließlich von gewerblichen Unternehmen sowie von Haus- und Grundbesitzern aufgebracht, also von einem Personenkreis, der in Verdichtungsräumen nur einen kleinen Prozentsatz der Bevölkerung ausmacht. Man kann nicht ihnen allein die Folgen einer verfehlten Entwicklung auflasten. Eine übermäßige Anspannung der Realsteuern könnte zudem verheerende Folgen für die Wirtschaft haben.

Wenn aber der Staat nicht umhin kann, einem Ballungsraum die zur Bewältigung seiner Aufgaben erforderliche Finanzhilfe zu gewähren, so ergibt sich dafür eine andere Konsequenz, die nicht minder bedenklich ist. Der kommunale Finanzausgleich kann dadurch völlig pervertiert werden. Die kleineren und überwiegend finanzschwächeren Gemeinden des Landes bis in den Bereich der Mittelstädte hinein müssen praktisch dafür aufkommen, daß eine Großkommune trotz ihrer hohen Finanzkraft ihre Aufgaben nicht mehr allein zu bewältigen vermag. Denn der Staatshaushalt ist nicht unerschöpflich. Was daraus in die Ballungsräume fließt, fehlt zur Entwicklung des übrigen Landes.

Für diese Behauptung, daß im Endergebnis einer solchen Entwicklung der Finanzausgleich förmlich auf den Kopf gestellt wird, daß also die finanzschwächeren Regionen des Landes den finanzkräftigeren Ballungsraum subventionieren müssen, ist nun am konkreten Beispiel eines kommunalen Finanzausgleichs der Beweis zu erbringen. Dabei müssen wir uns jedoch im wesentlichen darauf beschränken, der Untersuchung als typisches Beispiel die Verhältnisse in Bayern zugrunde zu legen, denn die Regelung des kommunalen Finanzausgleichs ist Ländersache und damit von Land zu Land verschieden. Die Unterschiede in den Finanzausgleichsgesetzen der acht Flächenländer der Bundesrepublik sind jedoch nicht so groß, daß man nicht gewisse Analogieschlüsse von einem Land auf die anderen ziehen dürfte.

Die Sorge der ausgleichsbedürftigen Gemeinden, daß die Finanzreform die Länder veranlassen könnte, ihre Ausgleichsleistungen zu schmälern, war unbegründet. In Bayern war das Volumen des kommunalen Finanzausgleichs 1970 um 15 % oder um mehr als 260 Mio. DM größer als 1969. Zusammen mit dem Überschuß von 320 Mio. DM, der den bayerischen Gemeinden aus der Finanzreform, d. h. aus der Einkommensteuerbeteiligung, saldiert mit der Gewerbesteuerumlage, zuwächst, ergibt sich für 1970 eine Ausweitung ihres finanziellen Spielraums um mindestens 580 Mio. DM. Von 1961 bis 1970 hat sich das Leistungsvolumen des bayerischen Finanzausgleichs nahezu vervierfacht. Es beläuft sich nach dem Finanzausgleichsgesetz 1970 auf rd. 2 Mrd. DM. Dazu kommen jedoch Leistungen in Höhe von weiteren 660 Mio. DM, die nicht im Finanzausgleichsgesetz verankert sind, sondern neben dem offiziellen Finanzausgleich aus dem Staatshaushalt an die Gemeinden fließen. Einem Finanzausgleich im weiteren Sinn darf man sie aber wohl zurechnen. Die Zunahme des Volumens erklärt sich teils durch wiederholte Verbesserungen im jährlich novellierten Finanzausgleichsgesetz oder im Staatshaushalt und teils damit, daß die Leistungen zum überwiegenden Teil im Weg der verbundenen Steuerwirtschaft gewährt werden. Die Gemeinden nehmen insoweit am wachsenden Steueraufkommen des Landes teil. So beachtlich diese Steigerung des letzten Jahrzehnts ist, so hat sie doch dazu geführt, daß das Schlüsselzuweisungssystem — bei POPITZ noch nahezu identisch mit dem Finanzausgleich — mehr und mehr an Gewicht verliert und aus der Mitte des Finanzausgleichs verdrängt wird. Hat es 1961 noch fast 48 % des Volumens beansprucht, so waren es 1970 nur noch 30 %.

Dieses Schlüsselzuweisungssystem steht zwar im Verbund mit den Landeseinnahmen aus der Einkommen- und Körperschaftsteuer und dem Länderfinanzausgleich, jedoch wurde der prozentuale Verbundsatz in den letzten Jahren wiederholt gekürzt. Es hat die Funktion, durch Zuweisungen an die steuerschwächeren Gemeinden, deren Höhe mit dem Fehlbestand an angemessener Steuerkraft wächst, die Steuerkraftunterschiede teilweise auszugleichen, um so allen Gemeinden annähernd gleiche Startbedingungen und Entwicklungschancen einzuräumen. Es soll insbesondere gewährleisten, daß die finanzschwächsten Gemeinden in die Lage versetzt werden, wenigstens ihre Pflichtaufgaben zu erfüllen. Die Schlüsselmasse belief sich 1970 in Bayern auf rd. 600 Mio. DM.

Das System wird bei seiner heutigen Konstruktion der ihm gestellten Aufgabe durchaus gerecht. In der überwiegenden Masse gehen zwar die Schlüsselzuweisungen an die kleineren, meist sehr steuerschwachen Gemeinden, aber der Ausgleich zwischen steuerkräftigen und steuerschwachen Gemeinden innerhalb jeder Gemeindegrößenklasse wird deswegen nicht vernachlässigt. Er funktioniert bis in die Gruppe der Großstädte hinein. Dieses Ergebnis beruht auf der sogenannten Einwohnerveredelung. Das Schlüsselzuweisungssystem erkennt an und bringt es in einem Veredlungsfaktor zum Ausdruck, daß der kommunale Aufwand für einen Stadtbewohner höher ist als für einen Dorfbewohner. Die Reihe dieser Veredlungsprozentsätze läßt jedoch die tatsächlichen Unterschiede im kommunalen Aufwand nicht in voller Höhe zur Geltung kommen. So wird der Münchner derzeit mit dem rund 1,6fachen eines Dorfbewohners gewogen, während der kommunale Aufwand für den Münchner mindestens viermal so hoch ist wie für den Einwohner in der Gemeindegrößenklasse bis 3000. Würde man dem Drängen der Großstädte nachgeben, die Prozentsätze ihrer Einwohnerveredelung entsprechend zu erhöhen, so würde im Schlüsselzuweisungssystem nur noch zwischen steuerschwachen und steuerkräftigen Gemeinden innerhalb jeder Gemeindegrößenklasse, aber nicht mehr in der Masse zugunsten der kleineren Gemeinden ausgeglichen. Bei der Interdependenz des Systems würden höhere Schlüsselzuweisungen an die Großstädte bewirken, daß die Schlüsselzuweisungen mittlerer und kleinerer Gemeinden entsprechend gekürzt würden. Nicht nur die Zuweisungen an steuerschwache Landgemeinden, die ohnedies Mühe haben, ihre Pflichtaufgaben zu erfüllen, sondern auch die an kleinere und mittlere zentrale Orte, deren Aufgabe es sein soll, die Ballungsräume zu entlasten, würden unter diese Kürzung fallen.

Gäbe es nur das Schlüsselzuweisungssystem, so könnte man feststellen, daß der kommunale Finanzausgleich in Bayern noch immer dem Ziel folgt, das ihm POPITZ vor mehr als 30 Jahren gesetzt hat. Aber die Wandlung hat sich außerhalb dieses Systems vollzogen. Die Landeshauptstadt München hat es gar nicht mehr nötig, sich um einen höheren Prozentsatz der Einwohnersiedlung im Schlüsselzuweisungssystem zu bemühen. Denn die inzwischen eingetretenen Verschiebungen in der gesamten Finanzausgleichsmasse und in ihrer Verteilung bedeuten für München ungleich mehr, als ihm jede denkbare Reform des Schlüsselzuweisungssystems, vorgenommen zu seinen Gunsten, bringen könnte. Die anderen großen Blöcke des Finanzausgleichs, die es früher gar nicht gegeben hat, stellen heute die Schlüsselmasse mehr und mehr in den Schatten. Und in diesen Blöcken herrschen Verteilungsgrundsätze, welche die Ausgleichswirkung des Schlüsselzuweisungssystems mehr oder weniger kompensieren.

Der Kraftfahrzeugsteuerverbund beispielsweise reicht heute in Bayern schon nahe an die Schlüsselmasse heran. Im Jahr 1970 kamen die Mittel zur Verteilung, die im sogenannten Verbundzeitraum, d. h. eineinviertel Jahre früher an Kraftfahrzeugsteuer aufgekommen sind. Von diesem Aufkommen in Höhe von rd. 601 Mio. DM wurden zunächst

12,75 % zugunsten des Staatsstraßenbaues einbehalten, so daß an die Kommunen rd. 525 Mio. DM — davon rd. 95 Mio. DM an die Landkreise und knapp 430 Mio. DM an die Gemeinden — zur Verteilung kamen. Zusammen mit den Mitteln, die aus der Mineralölsteuer des Bundes nach Bayern fließen — 1970 rd. 190 Mio. DM —, ist die dem Unterhalt und Ausbau der Verkehrswege in den Gemeinden und Landkreisen gewidmete Masse sogar um mehr als 100 Mio. DM höher als die Schlüsselmasse. Was zunächst den Kraftfahrzeugsteuerverbund betrifft, so läßt ein erster flüchtiger Einblick in die Verteilung sogar den Schluß zu, daß die ländlichen Gebiete dabei nicht schlecht wegkommen. Denn in die Regierungsbezirke Niederbayern, Oberpfalz und Oberfranken fließen mehr Mittel als dort an Kraftfahrzeugsteuer aufkommt. Hier wirkt noch nach, daß seinerzeit bei der Einführung des Verbunds für den Ausbau der Kreisstraßen und der ländlichen Gemeindeverbindungsstraßen ein Schwerpunkt geschaffen wurde. Aber inzwischen hat sich ein zweiter Schwerpunkt herausgebildet, und zwar durch die Bereitstellung eines zunehmend größeren Anteils der Verbundmasse zugunsten der Finanzierung der großstädtischen Massenverkehrsmittel. Ohne die Leistungen an die Landkreise, deren Summe mit 95 Mio. DM bereits genannt wurde, also bezogen nur auf die 430 Mio. DM, welche die Gemeinden erhielten, ergibt sich nach der Mittelverteilung im Ausgleichsjahr 1970 folgendes Bild:

Vom örtlichen Aufkommen flossen zurück:

nach München mehr als 100 %,

nach Nürnberg rund 65 %,

in die übrigen Großstädte und die Mittelstädte über 50 000 Einwohner 61 %,

in die Gemeinden über 25 000 bis 50 000 Einwohner 49 %,

in die Gemeinden über 5000 bis 25 000 Einwohner knapp 30 %,

aber in die Gemeinden bis 5000 Einwohner — und das ist die zweite auffallende Abweichung nach oben — 92 %.

Einerseits die Landeshauptstadt, andererseits die Gemeinden bis 5000 Einwohner sind also bei der gegenwärtigen Verteilung auffallend im Vorteil, während die Mittel- und Kleinstädte außerordentlich schlecht wegkommen. Das gilt vor allem für die Gemeinden über 5000 bis 25 000 Einwohner. Ihre Benachteiligung ist strukturpolitisch ein schwerer Fehler. Sollen sie die Funktion der kleineren zentralen Orte erfüllen, so setzt dies eine Hebung ihrer Infrastruktur, insbesondere eine Verbesserung ihrer Verkehrsverhältnisse voraus. Aber der bayerische Finanzausgleich hat ihnen bisher die Mittel dafür vorenthalten. Das widerspricht dem Ziel einer dezentralisierten Landesentwicklung.

Noch einseitiger zugunsten der Landeshauptstadt wird die Mittelverteilung für den kommunalen Verkehrsausbau in Bayern, wenn man die Zuweisungen in die Betrachtung einbezieht, welche die Gemeinden aus dem Mineralölsteueraufkommen des Bundes erhalten. Im Jahr 1970 flossen aus der Mineralölsteuer für den Bau der Münchner S-Bahn 79 Mio. DM, die, wenn sie auch nicht voll der Stadt München zugerechnet werden können, doch ausschließlich in den Münchner Großraum gingen. Die Zuweisungen aus der Mineralölsteuer für den U-Bahnbau in Bayern beliefen sich 1970 auf 30,6 Mio. DM, wovon 27,4 Mio. DM München bekam. Von den Zuweisungen aus der Mineralölsteuer für den Straßenbau — 1970 waren es 79,7 Mio. DM — gingen 24,5 Mio. DM, also fast ein Drittel, nach München. Von den 1970 aus der Mineralölsteuer nach Bayern gekommenen Mitteln flossen also allein 130,9 Mio. DM oder 69 % der Stadt München oder dem Großraum München zu. Standen im Jahr 1970 den Gemeinden und Landkreisen Bayerns aus dem Kraftfahrzeugsteuerverbund und dem Mineralölsteueraufkommen zusammen 714 Mio.

DM für den Verkehrsausbau zur Verfügung, so war München hieran mit 30 % beteiligt. Dieser Anteil ist doppelt bis zweieinhalbmal so hoch wie der Anteil Münchens an der Landesbevölkerung und am Aufkommen der Kraftfahrzeugsteuer.

Der dritte Steuerverbund im bayerischen Finanzausgleich ist die Überlassung nicht nur des kreiskommunalen, sondern auch des staatlichen Anteils der Grunderwerbsteuer an die Kommunen nach dem örtlichen Aufkommen. Beide Anteile zusammen erbrachten 1970 ein Aufkommen von rd. 187 Mio. DM. Daß hiervon die Stadt München mehr als ein Viertel erhielt, darf nicht überraschen. Denn das örtliche Aufkommen der Grunderwerbsteuer ist naturgemäß dort am höchsten, wo am meisten gebaut wird, also in den Wachstumsgemeinden. Immerhin kann man aber hier, ähnlich wie bei der Gewerbesteuer, einen Zusammenhang zwischen kommunaler Steuerkraft und Verwaltungstätigkeit erkennen.

Außerhalb eines Steuerverbunds stehen im bayerischen Finanzausgleich die Zuschüsse, Zinszuschüsse und zinslosen Darlehen, welche die Gemeinden für ihre Investitionen, hauptsächlich im Schul- und Krankenhausbau erhalten. Im Jahr 1970 kamen rund 315 Mio. DM zur Verteilung. Da diese Mittel gezielt verteilt werden und der Investitionsbedarf in den Städten am größten ist, besteht auch hier die Tendenz, daß sich das Gewicht zunehmend mehr zu den Großstädten hin verlagert.

Durch diese neueren Entwicklungstendenzen im kommunalen Finanzausgleich Bayerns wird die Ausgleichswirkung des an Bedeutung sichtbar zurückgehenden Schlüsselzuweisungssystems mehr oder weniger kompensiert. Vor allem bekommt die steuerkräftige Landeshauptstadt aus der zunehmend größer werdenden, dem Verkehrsausbau und den sonstigen kommunalen Investitionen gewidmeten Verteilungsmasse Zuwendungen in einer Höhe, die dem Grundgedanken des Finanzausgleichs im POPITZschen Sinn widersprechen.

Was diese Wandlungen in der Zusammensetzung des kommunalen Finanzausgleichs und in der Verteilung seiner Mittel allein noch nicht bewirkt haben, das bewirken jene Veränderungen in den finanziellen Schwerpunkten des Staatshaushaltes, die sich außerhalb des offiziellen Finanzausgleichs vollziehen. An erster Stelle steht natürlich der hohe Aufwand zur Ausrichtung der Olympiade. Mit rund 500 Mio. DM wurde seinerzeit die Rechnung für die Olympiaanlagen eröffnet, mit dem Vierfachen dieses Betrages wird sie abschließen. Der Termindruck zwang dazu, jede Kostenerhöhung akzeptieren zu müssen. Es ist keineswegs nur eine Vermutung, daß München nicht zuletzt deshalb um die Olympiade bemüht war, weil sich der Stadt damit die Aussicht eröffnet hat, den Vollzug eines Stadtentwicklungsplans, der nach dem damaligen Terminplan bis 1990 gedauert hätte, zu einem erheblichen Teil auf 1972 zu verkürzen und überwiegend vom Bund und vom Land finanziert zu bekommen. An den Olympiabauten hängt zudem die bange Frage, wer sie später zu unterhalten hat. Durch die Olympiaentscheidung ist auch der Bau der Massenverkehrsmittel unter Termindruck gekommen und mußte im U-Bahnsektor auf die Hälfte der ursprünglich geplanten Bauzeit verkürzt werden. Die hohen Investitionszuschüsse des Bundes und des Landes, die der U- und S-Bahnbau in München erfordert, mußten von vornherein als verlorene Zuschüsse gewährt werden, um einen die Verkehrsteilnehmer ansprechenden, von Abschreibungen möglichst unbelasteten Tarif anbieten zu können. Trotzdem wird auch der laufende Betrieb erhebliche Zuschüsse erfordern, so daß schon heute die Forderung erhoben wird, das Land sollte zumindest für die S-Bahn auch laufende Zuschüsse gewähren, um eine ausreichende Zugfolge im Vorortsbereich erzielen zu können. Gleichzeitig werden in der bayerischen Provinz unrentable Strecken, für die es keine

Subventionen gibt, stillgelegt. Daß sich die Bautätigkeit des Staates im Hochschul-, Klinik- und Verwaltungsbereich mehr als notwendig in München konzentriert, wurde bereits erwähnt. Und schon zeichnet sich mit dem neuen Flughafen im Raum München ein weiteres Großprojekt ab, ganz zu schweigen davon, daß die Stadt in der Schublade bereits die Pläne für weitere U-Bahnstrecken hat, deren rasche Verwirklichung sie allein schon aus dem Grund mit Nachdruck betreibt, weil man den inzwischen zu beachtlicher Größe angewachsenen Planungsstab weiter beschäftigen möchte.

Die Großvorhaben im Raum München erfordern noch auf viele Jahre hinaus Milliardenbeträge, zu denen Bund und Land den überwiegenden Beitrag leisten sollen, ganz zu schweigen von den dauerhaften Folgelasten. München repräsentiert in der Tat die Großstadtregion, die trotz einer bemerkenswerten Steigerung der eigenen kommunalen Steuerkraft die zwangsläufig auf sie zukommenden und natürlich erst recht die freiwillig übernommenen Aufgaben nur noch mit Hilfe des ganzen Landes zu bewältigen vermag. Damit ist der Beweis erbracht, daß das steuerschwächere Land den Ballungsraum München subventioniert.

Was aber an der derzeitigen Entwicklung in Bayern am meisten beunruhigt, ist die Beobachtung, daß durch sie nicht so sehr die Landgemeinden benachteiligt werden, als vielmehr jene kleineren und mittleren zentralen Orte, denen die Funktion eines Cordon sanitaire zwischen dem flachen Land und den Ballungsräumen zukommen sollte. Wenn die gegenwärtige Entwicklung in Bayern nicht spätestens nach 1972 abgebremst wird, werden die auf dem Land frei werdenden Kräfte in zunehmend größerer Zahl in die Ballungsräume abwandern und deren Probleme ins Ungemessene steigern.

Ein System integrierter Entwicklungsplanung und Raumordnung

von

Willi Hüfner, Wiesbaden

In keiner anderen Zeit waren die Impulse, die von den Entwicklungstends der Gesellschaft auf Planung und Raumordnung ausgegangen sind, so groß wie in den letzten zehn Jahren. Ob es sich um Fragen der Siedlungsentwicklung, der Verkehrsentwicklung, der Schul- und Hochschulentwicklung handelt, überall ist die Lage ähnlich: Die ungelösten Aufgaben und Probleme wuchsen und wachsen schneller als die gelösten. Damit ist auch der Druck gewachsen, der von hier aus auf die Instanzen ausgeht, die mit der Lösung dieser Aufgaben befaßt sind. Er wurde u. a. beantwortet mit der Anpassung und dem permanenten Ausbau der Mittel und Instrumente an die geänderten und sich weiter ändernden Probleme und Aufgaben, insbesondere der Planung der Gesellschaftspolitik oder Teile davon und ihre räumliche Ausformung. Dieser Anpassungsprozeß verlief bisher im Bund und in den einzelnen Ländern der Bundesrepublik jedoch nicht einheitlich, so daß man bei den Aussagen darüber differenzieren muß. Die hier gemachten Aussagen gründen sich allein auf die Erfahrungen im Lande Hessen, das bisher vielleicht die umfassendste Antwort auf die andrängenden Aufgaben und Probleme gefunden hat.

I. Die erste Raumordnungskonzeption genügte nicht

Diese Sonderentwicklung in Hessen ist nicht in den Verhältnissen vorgegeben. Denn sie stellen sich hier nicht anders wie in anderen Ländern auch. Deshalb hat es hier auch wie in allen anderen Ländern mit der Raumordnung angefangen. Im Sommer 1962 wurde ein Landesplanungsgesetz erlassen, das vorsieht, daß „die Planung für eine den sozialen, kulturellen und wirtschaftlichen Erfordernissen entsprechende Raumordnung ... Aufgabe des Landes sowie der kreisfreien Städte und der Landkreise ..." ist.

Zur Erfüllung dieser Aufgabe sollten ein Landesraumordnungsprogramm und regionale Raumordnungspläne aufgestellt werden. In ihm sollten die auf lange Sicht aufgestellten Ziele der Landesplanung und die raumpolitischen Grundsätze, die Planungen und Maßnahmen der einzelnen Geschäftsbereiche sowie Hinweise für die Aufstellung der regionalen Raumordnungspläne enthalten sein.

Dieses Raumordnungsprogramm sollte jedoch durch Gesetz festgestellt werden, so daß es in seinen Inhalten, soweit sie materielle Planungen darstellen, nur sehr allgemein gehalten werden konnte. Es war weder ein Planungszeitraum oder Zieljahr angegeben, noch wie die „Planungen und Maßnahmen der einzelnen Geschäftsbereiche" beschaffen sein sollten. Diese „Konkretisierung" sollte durch die regionalen Raumordnungspläne erfolgen, die wiederum nachträglich zu einem Landesraumordnungsplan zusammengefaßt werden sollten. Auf diese Weise sollte der konkrete Landesraumordnungsplan von unten her aufgebaut werden, ein Vorgehen, das den modernen Anforderungen jedoch nicht genügte.

II. Anstöße zur Erweiterung

Um den anstehenden Aufgaben und Problemen gerecht zu werden, hat bereits Anfang 1963, d. h. sechs Monate nach Verabschiedung des Landesplanungsgesetzes, Ministerpräsident Dr. ZINN in seiner Regierungserklärung ein neues Planungskonzept vorgestellt und seine Ausarbeitung zu einem Schwerpunkt seines Regierungsprogramms erklärt. Es handelte sich um den Großen Hessenplan, in dem nach diesen ersten Vorstellungen alle „vom Lande unmittelbar oder mittelbar für einen längeren Zeitraum von etwa acht bis zehn Jahren vorzubereitenden und durchzuführenden Maßnahmen von besonderer Bedeutung" enthalten sein sollten. Zu dieser Darstellung sollte nach den Worten des Ministerpräsidenten ein Investitionsprogramm kommen, das aufgrund vorläufiger Kostenschätzungen die notwendigen Investitionen zusammenfaßt. Das waren ganz neue Ansätze für die Planung, die neben die bisherigen getreten sind. Damit hat der Hessische Ministerpräsident Dr. ZINN damals schon, d. h. Anfang 1963, Gedanken ausgesprochen, die zwei Jahre später im Bundesraumordnungsgesetz (1965) und vier Jahre später auch im Stabilitätsgesetz (1967) zu finden sind. Auch hat er erste Anstöße zu einer flächen-, finanz- und zeitbezogenen Gesellschafts- bzw. Entwicklungsplanung gegeben.

III. Die erste Aufgaben- und Finanzplanung

Bereits Anfang 1965 waren die Arbeiten am Großen Hessenplan zu einem gewissen Abschluß gekommen. Es handelt sich um eine langfristige Rahmenplanung mit dem Zieljahr 1974 und die erste detaillierte Abschnittsplanung für die Jahre 1965 bis 1967. Sie wurden beide im ersten Heft der Schriften zum Großen Hessenplan dargestellt und der Öffentlichkeit vorgelegt.

Die Hauptinhalte dieses ersten Planwerks seiner Art in der Bundesrepublik sind:

Größenordnungen über die Gesamtentwicklung des Landes bzw. seiner Bevölkerung, Wirtschaft und Finanzen. Denn diese Größen sind wichtig für die Beurteilung dessen, was im Planungszeitraum auf den verschiedensten Gebieten zur Verbesserung der Lebens- und Arbeitsverhältnisse der Bevölkerung getan werden kann und soll.

Versorgungsgrade mit den verschiedenen Infrastruktureinrichtungen und Festlegung von operationalen Zielen, die im Planungszeitraum erreicht werden sollen.

Eine Übersicht über die Maßnahmen, die erforderlich sind, um die festgesetzten Zielvorstellungen im sozialen, kulturellen, wirtschaftlichen und Verkehrsbereich zu realisieren. Hier werden die Einheiten genannt, die in den nächsten Jahren jeweils erstellt werden sollen, die erforderlichen Gesamtaufwendungen sowie die Finanzierungsträger.

Eine Übersicht der Planungen und Maßnahmen, die in den Jahren 1965, 1966 und 1967, d. h. während des ersten Durchführungsabschnitts, durchgeführt werden sollten.

Diese Angaben sind wesentlich genauer als im Zehnjahresprogramm und zeigen auch bereits, wie das Investitionsprogramm finanziell, personell und zeitlich optimal bewältigt werden kann.

Eine Finanzierungsrechnung mit den wichtigsten Größen, aus denen zu ersehen ist, daß die langfristig und mittelfristig geplanten Maßnahmen auch finanziell abgesichert sind, und wer die voraussichtlichen Finanzierungsträger sind.

Damit waren die Hauptelemente einer Aufgaben- und Finanzplanung gegeben. Sie wurden lediglich durch die Landesregierung (Kabinettsbeschluß) festgestellt, so daß ihre Durchführung flexibel gehandhabt werden konnte.

Mit dem Großen Hessenplan hat die Hessische Landesregierung eine Konzeption vorgelegt, die geeignet ist, konkrete Aufgaben und Probleme zu lösen. Er hat sowohl das Ganze der Wirtschaft und Gesellschaft im Auge als auch das Instrumentarium, um sie zu beeinflussen. Dabei werden ressortübergreifend einheitliche Prioritäten gesetzt, damit die Maßnahmen nicht nur sachlich und finanziell, sondern auch zeitlich richtig zum Zuge kommen. Der Raumordnungsaspekt wurde allerdings ausgeklammert, weil dafür eigene Instrumente, das Landesraumordnungsprogramm und die regionalen Raumordnungspläne, vorgesehen waren.

IV. Zusammenführung von Raumordnung und Entwicklungsplanung

Zum Zeitpunkt der Veröffentlichung des Großen Hessenplans lagen jedoch weder das Landesraumordnungsprogramm noch regionale Raumordnungspläne vor, so daß die Ordnung der räumlichen Verhältnisse sich selbst überlassen war. Es sollte auch noch weitere fünf Jahre dauern, bis das Landesraumordnungsprogramm im Frühjahr 1970 vom Gesetzgeber verabschiedet wurde und ein weiteres Jahr, bis der erste Teilplan eines regionalen Raumordnungsplans vorlag.

Bei diesem Stand der Arbeiten am Großen Hessenplan und der Raumordnung wurde es bereits sichtbar, daß beide Instrumente nur zusammen und in enger Abstimmung aufeinander zum Einsatz kommen dürfen. Denn beide können nur effektiv sein, wenn sie sich ergänzen. Im Grunde wäre das eine Selbstverständlichkeit gewesen, wenn die Steuerung der Arbeiten beider in einer Hand gelegen hätte. In Hessen war das aber nicht der Fall. Das Landesraumordnungsprogramm wurde im Innenministerium und der Große Hessenplan in der Staatskanzlei bearbeitet. Das geschah weitgehend unabhängig voneinander, wodurch die erforderliche Harmonisierung der Maßnahmen und ihre Effektivität nicht immer gegeben war. Dieser Eindruck konnte auch durch die erste Ergebnisrechnung für die Jahre 1965 bis 1967, d. h. den ersten Durchführungsabschnitt des Großen Hessenplans, nicht anders sein, obwohl dort nachgewiesen werden konnte, daß zur Verminderung des regionalen Gefälles für die wirtschaftlich schwächeren Gebiete wesentlich mehr getan wurde als für die anderen.

Diesem Zustand der Trennung hat Ministerpräsident Osswald ein Ende gemacht. In seiner ersten Regierungserklärung am 22. Oktober 1969 hat er angekündigt, daß die in der Staatskanzlei bestehende Abteilung Forschung und Planung, die in erster Linie für die Erarbeitung und Fortschreibung des Großen Hessenplans zuständig war, um die Bereiche Raumordnung, Landesentwicklung und Regionalplanung, für die bisher das Innenministerium zuständig war, ergänzt werden sollte. Diese Zusammenlegung der beiden Abteilungen ist mit Wirkung vom 1. Januar 1970 erfolgt. Damit waren die organisatorischen Voraussetzungen geschaffen, in denen erstmals Raumplanung, Aufgabenplanung und Ressourcenplanung zu einem einheitlichen Planungssystem zusammengefaßt werden konnten.

Gleichzeitig hat Ministerpräsident Osswald in dieser Regierungserklärung angekündigt, daß der Große Hessenplan durch Regionalisierung und Verbindung mit Raumordnung und Regionalplanung zu einem umfassenden Landesentwicklungsplan ausgebaut werden soll, in dem langfristig die Planungen der einzelnen Geschäftsbereiche mit ihren sektoralen, regionalen und zeitlichen Prioritäten zu einem integrierten Gesamtprogramm koordiniert werden sollen.

V. Erweiterung zur Planung der Gesellschaftspolitik

Es wurde aber noch ein weiteres getan. Nach dem Willen des Ministerpräsidenten sollten in den neuen Landesentwicklungsplan nicht nur die Investitionen, sondern auch die nichtinvestiven Maßnahmen aufgenommen werden. Damit kommt praktisch das Ganze der Gesellschaftspolitik im nächsten Jahrzehnt ins Blickfeld und kann aufeinander abgestimmt werden. Denn nur dann ist die Effektivität der Maßnahmen am größten, und die Mittel können am rationellsten eingesetzt werden.

Diese Betrachtungsweise der Landesentwicklung ist neu. Sie ergibt sich vor allem aus dem Zuwachs an Aufgaben und ihren Veränderungen, vor allem der zunehmenden Komplizierung des sozialen Lebens, die nicht ohne vorausschauende ressortübergreifende Planung befriedigend gelöst werden können. Eine weitere Konsequenz daraus ist, daß es nicht mehr möglich ist, die Probleme des Schul- und Hochschulwesens, des Gesundheitswesens, des Verkehrswesens usw. unabhängig voneinander sehen und lösen zu wollen. Es gibt auch keinen Tatbestand für sich allein. Alle sind eingebettet in größere Zusammenhänge, beeinflussen sie und werden wieder von dort beeinflußt. Das gilt auch für die politischen Ressorts, die nur mit ganzheitlich, d. h. ressortübergreifend geplanten und koordinierten Maßnahmen ihre Aufgaben und Probleme lösen können.

Das hessische Planungssystem geht von diesen Zusammenhängen aus und versucht, sie sichtbar und der Politik nutzbar zu machen. Der neue Landesentwicklungsplan ist daher ein ressortübergreifender gesellschaftspolitischer Gesamtplan, der der Entwicklungsplanung nicht nur einen größeren Bereich zuweist, sondern auch eine größere Wirksamkeit verspricht.

VI. Das neue Landesplanungsrecht und Landesraumordnungsprogramm

Mit der Änderung der Gesamtkonzeption der Raumordnung und Entwicklungsplanung mußte auch das Landesplanungsgesetz geändert werden. Denn das alte stammt noch aus dem Jahre 1962. Inzwischen lag das Bundesraumordnungsgesetz von 1965 vor und eine fünfjährige Erfahrung mit dem Großen Hessenplan.

Am 18. März 1970 wurde daher vom Landtag eine neue Form des hessischen Landesplanungsgesetzes verabschiedet. Wesentliche Änderungen gegenüber der bisherigen Regelung bestehen darin, daß anstelle des bisher vorgesehenen Landesraumordnungsplans, der sich aus der Summe der festgestellten regionalen Raumordnungspläne ergeben sollte, ein

Landesentwicklungsplan tritt. Er soll eine Darstellung der vorhandenen und der anzustrebenden Raumstruktur des Landes sowie der staatlichen Fach- und Investitionsplanungen und somit eine wichtige Vorgabe für die Aufstellung der regionalen Entwicklungspläne enthalten.

Weiter wurde die Trägerschaft der Regionalplanung von den 48 Landkreisen und kreisfreien Städten auf sechs Regionale Planungsgemeinschaften übertragen. Das bedeutet eine wesentliche Vergrößerung der Planungsräume und damit auch eine starke Konzentration der Planung. Die Planungsgemeinschaften setzen sich jeweils aus mehreren Landkreisen und kreisfreien Städten zusammen, die im Gebiet einer Planungsregion liegen. Inzwischen sind in allen Regionen Regionale Planungsgemeinschaften gebildet worden und haben ihre Arbeit aufgenommen.

In Teil B des gleichzeitig festgestellten Landesraumordnungsprogramms wurden die Planungsregionen näher abgegrenzt. Ebenfalls wurden hier die Gesichtspunkte festgelegt, die bei der Aufstellung der regionalen Raumordnungspläne zu beachten sind. In seinem Teil A enthält das Landesraumordnungsprogramm die langfristigen Ziele der Landesplanung und die raumpolitischen Grundsätze, die bei allen, die Gesamtentwicklung des Landes beeinflussenden Maßnahmen zu beachten sind. Sie sind allerdings ohne Zieljahr und sehr allgemein gehalten, so daß sie sich ähnlich wie die Ziele und Grundsätze im Bundesraumordnungsgesetz wenig eignen, ein Handlungsprogramm darauf zu entwerfen.

VII. Der Landesentwicklungsplan

Das Kernstück der neuen Landesentwicklungskonzeption ist der Landesentwicklungsplan, der im Frühsommer 1970 dem Landesparlament und der Öffentlichkeit vorgelegt wurde. Er ist auf 16 Jahre, mit dem Zieljahr 1985, ausgelegt. Er geht in seiner ganzen Anlage erheblich über die Konzeption des Großen Hessenplans hinaus, insbesondere aber durch die Berücksichtigung der Raumordnungsaspekte. Deshalb wurde er auch mit dem Landesraumordnungsprogramm zusammen dargestellt.

Die Hauptinhalte des Landesentwicklungsplans sind:

Eine Darstellung der langfristigen Ziele der Landesplanung sowie die raumpolitischen Grundsätze, die bei allen, die Entwicklung des Landes beeinflussenden Maßnahmen zu beachten sind. Richtlinien für die Aufstellung der regionalen Raumordnungspläne (Teil A und B des Landesraumordnungsprogramms).

Eine Darstellung der Siedlungsstruktur sowie ein System von Entwicklungsachsen, zentralen Orten, gewerblichen Entwicklungsschwerpunkten und Entlastungsorten als Standorte für die Planungen und Maßnahmen.

Eine Übersicht über die wichtigsten strukturräumlichen Differenzierungen, wie der Nachweis von Verdichtungsräumen, Ordnungsräumen, Entwicklungsräumen, Erholungsräumen usw., soweit sie bei der Entwicklungspolitik besonderer Aufmerksamkeit bedürfen.

Wichtige Größenordnungen über die voraussichtliche Entwicklung von Bevölkerung, Wirtschaft und Finanzen, soweit sie als Bezugs- und Koordinierungsgrößen für die Planungen in Frage kommen.

Maßnahmen und Investitionen im sozial-, kultur- und wirtschafts- sowie verkehrspolitischen Bereich nach Finanzierungsträgern zur Realisierung der im Landesraumordnungsprogramm vorgegebenen bzw. davon abgeleiteten operationalen Einzelziele für bestimmte Sachbereiche.

Nachrichtliche Darstellung der Planungen des Bundes besonders im Verkehrsbereich.

Die wirtschaftliche und strukturräumliche Darstellung der Regionen und ihre Entwicklungsmöglichkeiten einschließlich der Maßnahmen und Investitionen, die das Land in den einzelnen Regionen mitfinanzieren will.

Eine langfristige Finanzierungsrechnung des Landes für die Investitionen. Für die nichtintensiven Maßnahmen ist sie bisher noch nicht möglich.

In dieser Form stellt der Landesentwicklungsplan praktisch einen Basisplan dar oder ein Koordinationsmodell, auf das alle Fachpläne der Ressorts und die Entwicklungspläne der Regionen koordiniert werden müssen. Er wird durch die Landesregierung festgestellt und erhält damit Bindungswirkung für die Träger der Regionalplanung.

VIII. Fachpläne der Ressorts

Nach dem Hessischen Landesplanungsgesetz enthält der Landesentwicklungsplan alle staatlichen Fach- und Investitionsplanungen. Für die Ressorts besteht jedoch die Möglichkeit, besondere Fachpläne herauszugeben, wenn diese

1. mit den Ansätzen des Landesentwicklungsplans übereinstimmen und diesen regional oder fachlich ergänzen oder gegebenenfalls fortschreiben,
2. wie der Landesentwicklungsplan durch die Landesregierung festgestellt wurden und damit Bindungswirkung erhalten haben.

Bisher wurden sie jedoch noch nicht festgestellt, so daß sie noch keine Bindungswirkung für die Träger der Regionalplanung haben. Das soll aber jetzt nachgeholt werden. Von den Ressorts liegen z. Z. folgende Pläne vor:

Schulentwicklungsplan,
Hochschulplan,
Fremdenverkehrsplan,
Aktionsprogramm Wasser,
Schwerpunkte sozialer Daseinsvorsorge,
Energieplan,
Mensch und Umwelt,
Polizei und Sicherheit,
Hess. Investitionsfonds,
Datenverarbeitung.

IX. Die regionalen und kommunalen Entwicklungspläne

Eine wichtige Ergänzung des Landesentwicklungsplans sollen auch die regionalen Entwicklungspläne bringen, die nach dem Landesplanungsgesetz von den Regionalen Planungsgemeinschaften für die Planungsregionen aufzustellen sind. Sie sollen zwei Jahre nach Feststellung des Landesentwicklungsplans fertiggestellt und ähnlich wie dieser aufgebaut sein.

Nach dem Landesraumordnungsprogramm und Landesentwicklungsplan sollen die regionalen Entwicklungspläne enthalten:

die anzustrebenden Ziele der Regionen,
Siedlungsstruktur, zentrale Orte und Verflechtungsbereiche, Entwicklungsachsen, natürliche und sozialökonomische Raumstruktur,
Bevölkerungsstruktur und ihre räumliche Verteilung in Gegenwart und Zieljahr, vorhandene Einrichtungen und geplante Maßnahmen mit Angaben über Kosten in allen Bereichen,
Nachweis der Finanzierungsmöglichkeiten der Planungen,
die nachrichtliche Darstellung der angrenzenden Planungen der benachbarten Planungsträger.

Ein Teil der Angaben der regionalen Entwicklungspläne wird im Landesentwicklungsplan vorgegeben, wie die allgemeinen Ziele und raumpolitischen Grundsätze, die Ober- und Mittelzentren, die planerischen Raumgliederungen, Prognosen von Bevölkerung und Wirtschaft sowie die Maßnahmenbündel, die das Land in den einzelnen Regionen mitfinanzieren will. Sie werden von den Regionen aus der Sicht der örtlichen Verhältnisse heraus überprüft und ggf. ergänzt und auf die einzelnen Standorte der zentralen Orte, gewerblichen Entwicklungsschwerpunkte usw. verteilt. Soweit es sich im Landesentwicklungsplan bereits um regionalisierte Angaben handelt, müssen sie untereinander und auf die Angaben des Landesentwicklungsplans abgestimmt werden. Das gilt auch für die kommunale Entwicklungsplanung, die u. a. auf die Aussagen der Regionalplanung hin zu überprüfen sind. Der Landesentwicklungsplan wird damit nicht nur zum Koordinierungsmodell für die Planungen der Ressorts, sondern auch für die Regionalen Planungsgemeinschaften und indirekt auch für die Gemeinden.

X. Durchführungsabschnitte

Es ist ein sehr differenziertes und breit angelegtes System der Planung, das in Hessen entwickelt wurde. Es enthält neben den langfristigen Zielen der Landesplanung und den raumpolitischen Grundsätzen als allgemeinem Orientierungsrahmen ein System von Mitteln und Instrumenten der Raumordnung sowie Einheiten und Investitionsmaßnahmen, die erforderlich sind, um diese Ziele zu realisieren. Dieses langfristige System der Landesentwicklung und gesellschaftspolitischer Planung wird durch die ähnlich aufgebauten bzw. integrierten regionalen Entwicklungspläne ergänzt.

Realisiert werden die Planungen über mittelfristige, an die jeweiligen Verhältnisse angepaßten Abschnittsplanungen. Von den bisher erstellten drei Durchführungsabschnitten betreffen zwei den Großen Hessenplan, und zwar die Jahre 1965 bis 1967 und 1968 bis 1970, und einer betrifft den Landesentwicklungsplan für die Jahre 1971 bis 1974. Dieser letzte Durchführungsabschnitt enthält alle wesentlichen investiven und nichtinvestiven Maßnahmen, die die Landesregierung während der laufenden Legislaturperiode von den langfristigen Planungen des Landesentwicklungsplans durchführen bzw. mitfinanzieren will. In dieser Form ist er ein in Maßnahmen und Zahlen umgesetztes Regierungsprogramm, was es bisher in der Bundesrepublik noch nicht gab.

Das besondere dieses Regierungsprogramms liegt aber nicht nur in der Konkretheit seiner Aussagen. Es ist auch finanziell durchgerechnet und in seinen Eckwerten mit der Finanzplanung abgestimmt, so daß seine Realisierbarkeit unterstellt werden kann. Das heißt jedoch nicht, daß alles in diesem Programm festgeschrieben sein soll. Erstens liegt es im freien Ermessen des Parlaments, wie es z. B. bei den Beratungen der Doppelhaushalte die Schwerpunkte setzen will. Zweitens ist das Regierungsprogramm auch als eine Vorausinformation für die Bürger und gesellschaftlichen Gruppen gedacht. Sie können und sollen sich anhand dieser Unterlagen mit den Vorhaben der Landesregierung vertraut machen und können ihrerseits Anregungen dazu geben. Die Landesregierung ist für solche Anregungen jederzeit offen und bereit, sie zu prüfen und, soweit wie möglich, sie in jeder Phase der Realisierung der Planungen zu verwerten.

XI. Instrumente der Erläuterung und Ergänzungen

Getrennt davon, aber die mittelfristigen Handlungsplanungen und die Durchführungsabschnitte ergänzend, gibt die Landesregierung noch die fünfjährige mittelfristige Finanzplanung heraus. Sie ist in ihren wesentlichen Bestandteilen im ersten Durchführungsabschnitt enthalten, bietet aber für den Benutzer noch mehr Informationen. Auf keinen Fall stellen sie eine Planung dar, die von der langfristigen und mittelfristigen Planung des Landesentwicklungsplans unabhängig aufgestellt wurde. Sie sollen vielmehr diese Planungen erläutern und konkretisieren helfen.

Anders verhält es sich dagegen mit den jährlichen Investitionsübersichten der Ressorts und dem jährlichen Arbeitsprogramm über die Gesetzgebung und sonstigen Maßnahmen der Landesregierung. Hier handelt es sich nicht mehr um Planungen, sondern um die Realisierung der Planungen. Sie sind daher von den Planungsunterlagen zu unterscheiden. Denn sie geben bereits erste Hinweise darauf, was von den Planungen in den betreffenden Jahren und an welchen Standorten zur Realisierung vorgesehen bzw. durch die Herausgabe der Bewilligungsbescheide oder vorbereiteten Gesetzentwürfe bereits in der Realisierung ist.

XII. Ergebnisrechnungen

Weitere Unterlagen über das, was von den Planungen durchgeführt werden konnte und wo es geschah, liefern die jährlichen Tätigkeitsberichte der Landesregierung sowie die Ergebnisrechnungen für die vier Jahre der Durchführungsabschnitte. Diese Unterlagen geben Auskunft darüber, was von den genannten jährlichen Investitionsübersichten sowie den jährlichen Arbeitsprogrammen realisiert wurde, und einen Überblick über die Gesamtleistung der Regierung in Verbindung mit der gesellschaftlichen und wirtschaftlichen Entwicklung und einer ersten politischen Wertung.

Die Ergebnisrechnungen, die jeweils für einen Durchführungsabschnitt erstellt und veröffentlicht werden, sind eine wichtige Unterlage für die öffentliche Kontrolle der Planungen. Darüber hinaus können aus diesen mehrjährigen Rechenschaftsberichten auch wieder Hinweise für neue Planungen gewonnen werden. Bisher wurden zwei Ergebnisrechnungen erstellt. Die erste umfaßt die Jahre 1965 bis 1967, d. h. die Jahre mit der wirtschaftlichen Rezession, in denen die Planungen, gemessen an den Landesmitteln, zu 87 % realisiert wurden. Bei der zweiten Ergebnisrechnung für die Jahre 1968 bis 1970 mit günstigeren gesamtwirtschaftlichen Rahmenbedingungen konnten die Planungen zu 106 % realisiert werden.

XIII. Sektorale und regionale Abstimmung

Am Planungsprozeß sind viele, voneinander unabhängige Stellen beteiligt, deren Aktivitäten aber aufeinander abgestimmt werden müssen. Zu diesem Zwecke wurden zwei Koordinierungsgremien geschaffen. Das erste Gremium, der Planungsausschuß der Landesregierung, dem die Staatssekretäre und Planungschefs der Ressorts sowie der Chef der Staatskanzlei und sein Chef der Planungsabteilung angehören, wird vom Ministerpräsidenten selbst geleitet. Die Geschäftsführung liegt bei der Planungsabteilung der Staatskanzlei.

In diesem Ausschuß werden alle auftretenden Vorhaben und Probleme diskutiert und eine Landesmeinung erarbeitet. Dabei handelt es sich meist um eine abschließende Beratung. Kommt keine Einigung zustande, entscheidet das Kabinett.

Die Mitarbeit in diesem Ausschuß soll sich auch in den Ressorts selbst auswirken. Die Mitglieder sollen in ihrem Hause dafür sorgen, daß die Vorstellungen, wie sie im Ausschuß erarbeitet und vertreten werden, auch den Planungen in den einzelnen Geschäftsbereichen zugrundegelegt werden. Sie sind so der Verbindungsmann des Ausschusses zu den Ressorts. Umgekehrt sind sie aber auch Vertreter ihrer Ressorts in diesem Ausschuß. Sie haben im Ausschuß jeweils die Belange ihres Hauses zu vertreten und ggf. gewisse Einzelplanungen auch zur Diskussion zu stellen. Denn auch alle Fachplanungen müssen mit der Gesamtkonzeption des Landesentwicklungsplans abgestimmt sein.

Ein ähnlicher Ausschuß, wie er für die Koordinierung der Ressorts besteht, wurde auch für die Koordinierung der Regionen geschaffen. Er besteht aus den Verbandsdirektoren der Planungsgemeinschaften und Vertretern der obersten Planungsbehörde in der Staatskanzlei. Geleitet wird der Ausschuß vom Chef der Staatskanzlei und bei seiner Verhinderung vom Chef der Planungsabteilung der Staatskanzlei, bei der auch die Geschäftsführung liegt.

In diesem Gremium werden alle Fragen, die für die Aufstellung der regionalen Entwicklungspläne Bedeutung haben, diskutiert. Dadurch soll erreicht werden, daß z. B. jede Anweisung der obersten Planungsbehörde vor ihrem Erlaß erst mit den regionalen Planungsträgern, für die sie gedacht sind, durchgesprochen wird. Auf diese Weise soll vermieden werden, daß vom Grünen Tisch aus gearbeitet wird. Das gilt auch für den Aufbau und den Inhalt der regionalen Entwicklungspläne. Sie sind zwar weitgehend durch das Landesraumordnungsprogramm und den Landesentwicklungsplan festgelegt. Die regionalen Planungsträger sollen jedoch auch ihre eigenen Vorstellungen in die regionalen Pläne einbringen. Gegebenenfalls muß im Einvernehmen mit der obersten Landesplanungsbehörde von den Vorstellungen des Landesentwicklungsplans abgewichen werden. Das muß bei grundsätzlichen Fragen dann aber einheitlich in allen Regionen geschehen. Denn das Endziel, vergleichbare regionale Entwicklungspläne zu bekommen, muß gewährleistet bleiben.

Schließlich ist der ganze Planungsprozeß ein abgestufter. So wie der übergeordnete Plan für die nächstfolgenden die Richtgrößen abgibt, so müssen in dem übergeordneten Plan auch Vorstellungen der folgenden Rangstufen mit eingehen. Auch die bei der Durchführung der Planung gewonnenen Erfahrungen können auf die Zielsetzung und die Planungen der höheren Stufe Einfluß haben. Durch eine solche Rückkopplung wird die Planung realistischer, und es wird verhindert, daß sie zur Erstarrung führt. Das gilt nicht nur für die Aufgabenplanung, sondern auch für die Raumordnung und die Finanzplanung.

XIV. Beteiligung der Öffentlichkeit

Eine umfassende Beteiligung der Öffentlichkeit an den Planungen und dem Planungsprozeß ist bisher noch nicht gegeben. Nach dem Landesplanungsgesetz wurde zwar ein Landesplanungsbeirat eingerichtet und in den Regionen ist man dabei, regionale Planungsbeiräte zu bilden. Diese Beiräte, in denen Vertreter der kommunalen Spitzenverbände, der öffentlichen Körperschaften, der Wirtschaft, der Land- und Forstwirtschaft, der Arbeitnehmer und Arbeitgeber mitarbeiten, sollen bei der Vorbereitung und Fortschreibung des Landesentwicklungsplans und der regionalen Entwicklungspläne beratend mitwirken. Da alle Arbeiten bisher unter starkem Zeitdruck entstanden sind, waren die Möglichkeiten der Einschaltung des Landesplanungsbeirats jedoch gering. Die Planungsbehörden haben die Vorstellungen der Vertreter in den Planungsbeiräten zu wichtigen Vorhaben kennengelernt und umgekehrt ihre Vorstellungen und Absichten erläutern können. Durch diese gegenseitige Informationstätigkeit ist die Zusammenarbeit und das gegenseitige Verständnis wesentlich verbessert worden. Als eine umfassende Beteiligung der Öffentlichkeit am Planungsprozeß können die Planungsbeiräte nicht angesehen werden.

Die Hessische Landesregierung hat daher noch eine weitere politische Form der Beteiligung der Öffentlichkeit vorgesehen. Denn eine politische Planung kann nur politisch abgesichert werden. Um den Bürger mit ihren Absichten und Planungen vertraut zu machen, hat die Landesregierung die Pläne zunächst erst vorläufig festgestellt und nach ihrer Veröffentlichung und Verteilung eine Diskussionsphase eingelegt. Damit soll allen interessierten Bürgern, Organisationen, Verbänden, Gebietskörperschaften usw. die Möglichkeit gegeben werden, die Pläne kennenzulernen, sich damit auseinanderzusetzen und ggf. dazu Stellung zu nehmen. Die verwertbaren Ergebnisse aus Diskussionen und Stellungnahmen wurden in den ersten Durchführungsabschnitt für die Jahre 1971 bis 1974 aufgenommen. Mit der endgültigen Feststellung des Landesentwicklungsplans wurden auch diese Änderungen und Ergänzungen endgültig festgestellt und zu einem festen Bestandteil desselben. Auf diese Weise wird eine Planung entwickelt, die nicht nur der Bevölkerung dient, sondern auch in weiten Teilen von ihr gebilligt und mitgetragen wird.

XV. Wertungen und Erwartungen

Die hohen Durchführungsquoten und die Geschlossenheit des Systems dürfen jedoch nicht darüber hinwegtäuschen, daß vieles von dem, was mit diesem Planungssystem geboten wird, noch nicht so ausgeformt und methodisch-wissenschaftlich abgesichert ist, wie es wünschenswert und notwendig wäre. Erstens war dafür die Zeit zu kurz, die für die Erstellung dieser Pläne zur Verfügung stand, und zweitens fehlen auch noch wissenschaftliche Vorklärungen über Zusammenhänge und ihre Quantifizierungsmöglichkeiten. Hier tut sich ein weites Feld für die Wissenschaft und Praxis auf.

Im Vordergrund steht hier das Zielsystem. Dem hessischen Landesentwicklungsplan wurde das Landesraumordnungsprogramm vorangestellt. Es ist jedoch nicht geeignet, ein quantifiziertes Programm darauf zu entwerfen. Denn es läßt sich erstens selbst nicht quantifizieren, und zweitens läßt es sich auch nicht regionalisieren. Dies wäre aber erforderlich, um für die einzelnen Infrastruktureinrichtungen genaue Bedarfszahlen ermitteln zu können. Hier wurde sehr mit Behelfslösungen gearbeitet, in der Hoffnung, daß im

Laufe der Zeit einiges mehr an wissenschaftlichen Einsichten und Ergebnissen zur Verfügung steht.

Von dem für Hessen vorgelegten zentralörtlichen System sind bisher nur die Ober- und Mittelzentren und ihre Verflechtungsbereiche ausgewiesen. Dabei war man bemüht, sich an die Empfehlungen der Ministerkonferenz für Raumordnung zu halten. Da sich in den Verdichtungsgebieten die Verflechtungsbereiche der Mittelzentren fachlich überlagern, wurden sie hier zu einer Sondergruppe „Mittelzentren in Verdichtungsgebieten" erklärt, und es wurde von dem Ausweis eines Verflechtungsbereichs abgesehen. Damit verlieren sie an Aussagewert. Die Unter- und Kleinzentren sollen von den Regionalen Planungsgemeinschaften in Verbindung mit der obersten Landesplanungsbehörde festgelegt werden. Dabei ergeben sich nach der Zusammenlegung der Gemeinden ebenfalls erhebliche Schwierigkeiten, weil sich nunmehr der Gebietsstand der neuen Gemeinden mit dem bisherigen Nahbereich weitgehend deckt. Hier wird man in Zukunft für die Investitionstätigkeit ausgewählte Orts-Kerne vorsehen müssen.

Die dem Zielsystem zugrundeliegenden Vorausschätzungen der Bevölkerung und Wirtschaft müssen, solange sie nicht von allen Ländern gleichzeitig durchgeführt werden, isoliert erfolgen. Dadurch fehlen wichtige Abstimmungsmöglichkeiten, zumal die länderweisen Vorausschätzungen nicht originär erfolgen. Sie gehen vielmehr von Größenordnungen für die Bundesentwicklung aus und schließen, unter Berücksichtigung von länderweisen Besonderheiten, auf die Entwicklung in dem betreffenden Land. Die Probleme der Vorausschätzung der Bevölkerung und anderer Daten für Gemeinden oder zentrale Orte sind ebenfalls noch nicht genügend vorgeklärt.

Ähnlich schwierig ist die Festlegung von fachlichen und räumlichen Prioritäten. Es gibt hier zwar eine Reihe methodisch-wissenschaftlicher Ansätze, wie z. B. die Kosten-Nutzen-Analyse. Sie sind aber in der Praxis schwer anzuwenden und für ein ganzes Planungssystem nicht praktikabel. Die bisher ausgewiesenen Prioritäten sind daher ein Ergebnis aus den bisherigen Versorgungsgraden und den derzeitigen Zielvorstellungen der Politiker.

Entsprechend schwierig ist auch die finanzielle Absicherung der Planung. Langfristig wird sie von der Planungsabteilung der Staatskanzlei in Zusammenarbeit mit dem Finanzministerium, in konstanten Preisen gemacht und kurzfristig in jeweiligen Preisen in Anlehnung an die mittelfristige Finanzplanung des Finanzministeriums. Bei den investiven Maßnahmen ist die Abstimmung relativ gut. Die nichtinvestiven Aufgaben sind heute noch nicht immer in konkrete Maßnahmen umgesetzt, so daß sie auch nicht kalkulierbar sind. Ähnlich schwierig sind die Folgekosten der Investitionen in Ansatz zu bringen, da sie regional und örtlich sehr streuen.

Überhaupt ist die Datenbasis für die Aufstellung solcher Pläne ganz generell noch unzureichend. Meist sind die Unterlagen lückenhaft oder nicht aktuell genug oder sie liegen nicht in der regionalen Tiefengliederung vor wie sie gebraucht werden, so daß vielfach mit Schätzungen gearbeitet werden muß.

Schließlich ist auch die Beteiligung der Öffentlichkeit am Planungsprozeß noch unzureichend gelöst. Gute Ansätze sind hier zweifellos vorhanden. Für eine umfassende gesellschaftspolitische Planung reichen sie jedoch noch nicht aus.

Aus dieser kurzen Übersicht, die die Situation der Planung nicht nur in Hessen, sondern im allgemeinen kennzeichnet, geht schon hervor, daß manches von den Planungen heute noch auf schwachen Füßen steht. Dessen sind sich auch die Beteiligten bewußt. Eine solche unvollkommene Planung ist aber immer noch besser als gar keine. Die notwendigen Verfeinerungen und Ergänzungen und Absicherungen werden mit der Verbesserung der Methoden und der Zahlenunterlagen laufend angebracht.

XVI. Ein Steuerungsinstrument moderner Politik

Trotz aller Mängel und Schwächen kommt dem hessischen Planungssystem mit seinen vielseitigen Abstimmungsmöglichkeiten ein hoher Rang zu. Denn es zeigt wie kein anderes, wie die heute anstehenden vielfältigen gesellschaftspolitischen Aufgaben und Reformen sowie Entwicklungsmaßnahmen ressortübergreifend und zukunftsbezogen programmiert und durchgeführt werden können. Es verfügt mit dem Landesentwicklungsplan über ein zentrales Koordinierungsmodell für die Fachplanungen wie für die regionalen Planungen. In seinen einzelnen Teilen muß es im Laufe der Zeit weiter verbessert, ergänzt und zu einem konsistenten Lenkungs- und Koordinierungssystem der Landesregierung ausgebaut werden. Aber auch in der heutigen Ausführung zeigt sich bereits, daß das hessische System einer fachlich und regional integrierten Planung ein wichtiges Lenkungs- und Steuerungsinstrument ist für eine systematische, zukunftsbezogene und erfolgreiche Gesellschaftspolitik.

Planung der Aufgabenplanung*)

von

Reimut Jochimsen, Bonn—Kiel

I. Zum Begriff der Planung

Ohne auf den Stand von Planungstheorie und Planungsideologie, die Planwirtschaftsdebatte, Zentralplanung u. a. Dinge eingehen zu wollen, ist als allgemeiner Ausgangspunkt heute zu konstatieren, daß konzeptionelle, vorwärts gerichtete, die vor uns liegenden Probleme aufgreifende Planung als Notwendigkeit unbestritten ist. Die entscheidende Frage ist aber, wie man eine solche Planung angeht. Ich möchte vor allen Dingen die Beziehungen zwischen bestehenden Planungssystemen und vielleicht erforderlichen neuen auf verschiedenen horizontalen und vertikalen Ebenen im Regierungsbereich darstellen und analysieren; dabei werde ich mich im wesentlichen auf die Exekutive des Bundes beschränken und weitergehende Probleme außen vorlassen.

In letzter Zeit hat das Stichwort „Aufgabenplanung" zunehmende Bedeutung erlangt, wobei „Aufgabenplanung" sehr häufig in einem Gegensatz zur Finanzplanung oder doch in einem Spannungsverhältnis zu anderen Planungsansätzen gesehen wird. Ich möchte am Ausgang meiner Überlegungen die Auffassung kritisieren, daß „Planung" als ein in allen Ebenen der verschiedenen Problemstellungen gleichwertiger Begriff verwendet werden kann. Ich möchte Planung nicht gleichsetzen mit der Produktion von Plänen, sondern vielmehr mit dem Versuch, in unserer Regierungstätigkeit einen Rationalisierungseffekt sowohl auf der Ziel- als auch auf der Mittelebene und auf der Zuständigkeitsebene zu erreichen. Ich setze mich damit zunächst von der einfach gesehenen Möglichkeit ab, zusätzlich zur existierenden Finanzplanung eine Aufgabenplanung als eine Art Zielplanung aufzubauen, die methodisch eindeutig und ohne große Schwierigkeiten sowohl konzipiert als auch durchgesetzt werden kann. Planung ist im Gegensatz hierzu sehr viel offener und damit zugleich auch komplexer zu sehen: Es geht um Informationssammlung, die Vorbereitung für eine systematischere Vorausschau und um Koordinierung; es geht darum, schrittweise Veränderungen bestehender Strukturen zu bewirken.

Planung kann nach verschiedenen Planungsmodellen vollzogen werden, die ich unter den vier Überschriften: 1) isolierte Zielplanung, 2) isolierte Mittelplanung, 3) isolierte Methodenplanung, 4) isolierte Zuständigkeitsplanung subsumieren möchte.

---

*) Überarbeitete Fassung eines mündlichen Berichts, der am 5. 12. 1971 dem Ausschuß „Raum und Finanzen" erstattet wurde.

II. Die Problematik isolierter Zielplanung

Die isolierte Zielplanung geht von dem logischen Bild der Systemanalyse aus: Von der Sollbestandsaufnahme über eine Ist-Bestandsaufnahme werden Divergenzen festgestellt und die entsprechenden Mittel abgeleitet. Dieses kann anhand eines dezisionistisch-voluntaristischen Modells à la MAX WEBER getan werden, das besagt: Was sind die Ziele und welche abgeleiteten Realisierungen ergeben sich daraus? Ich halte diese Modelle für unpraktikabel, weil sie ohne konkreten Bezug auf Mittelrealisierungen, auf Durchsetzungschancen, auf verfügbare Personen, die so etwas machen können, am Thema vorbeigehen. Insofern setze ich mich auch von der Vorgehensweise Präsident NIXONS über das methodische Vehikel des „National Goals Staff" ab, der — vereinfacht gesprochen — nach dem Motto vorgeht: „Wir müssen die Horizonte aufreißen und uns fragen, welche nationalen Ziele wir uns für die Zukunft setzen." Die Schwierigkeit liegt jedoch darin, daß man keine Ziele formulieren kann, ohne die Implikationen für ihre Realisierung gleichzeitig mit zu berücksichtigen. Eine isolierte Zielwahl, die „nur" noch durchzusetzen wäre, gibt es nicht. Der Versuch der eindeutigen Trennung von Zielen und Mitteln muß scheitern, da Ziele Mittelcharakter und Mittel Zielcharakter haben. Die Zuordnung bestimmter Mittel — nach der vorgenommenen Zweiteilung Ziele-Mittel — für die Realisierung eines Ziels kann dadurch eine Umdeutung bzw. sogar eine Umkehrung erfahren.

Entsprechend ist gegen das dezisionistisch-voluntaristische Modell „Der Politiker setzt die Ziele und der Apparat zeigt die Realisierungsmöglichkeiten auf" das technokratische Modell gesetzt worden. Dieser Ansatz geht davon aus, daß sich (politische) Ziele aus sog. Sachzwängen aufgrund der technologischen Entwicklung des Systems heraus ergeben *und* hingenommen werden müssen. Ziele sind insofern nichts anderes als Implementationen des Systems und Abfallprodukte seines Prozesses.

Ich möchte mich von diesen beiden Modellen absetzen und mich erkenntnistheoretisch zum pragmatischen Modell bekennen, das eine isolierte Ziel- und Mittelplanung ausschließt und somit das Problem komplexer und schwieriger gestaltet. Anstelle des Ziel-Mittel-Schemas treten „Aufgaben", die eine Auswahl aus zeitlich konkretisierten, auf die Zukunft gerichteten Handlungsalternativen, darstellen. Überspitzt ausgedrückt: Es handelt sich um Ziel-Mittel-Pakete, die gleichzeitig organisatorische Vorkehrungen zu ihrer Umsetzung implizieren. Zielplanung isoliert ist nicht möglich. Insofern führt der Weg über einen „National Goals Staff" in die Irre. Ähnliche Erfahrungen haben wir in der Bundesrepublik mit dem Weg der schrittweisen Zielkonkretisierung vom Grundgesetz (Einheitlichkeit der Lebensbedingungen) und etwa des Raumordnungsgesetzes gemacht: Es wurden Grundsätze fixiert, und man meinte, daß von dort her ohne weiteres eine Ableitung der notwendigen Programme und Maßnahmen geleistet werden könne. Es ist jedoch ein Irrtum zu glauben, daß eine so grundsätzliche Gesetzgebung wie das Raumordnungsgesetz mit Blickrichtung auf Probleme des dritten Drittels des 20. Jahrhunderts zugleich Handlungsprogramm für die kommenden drei bis zehn Jahre in irgendeiner Weise hinreichend eingrenzen könnte: Der Irrtum des logischen Deduktionismus, aus Oberzielen zu Mittel- und Unterzielen zu kommen, ist schon von GUNNAR MYRDAL[1] hinreichend belegt worden.

---

[1] G. MYRDAL: Das Zweck-Mittel-Denken in der Nationalökonomie. In: Zeitschrift für Nationalökonomie, Bd. 4, 1933, S. 305—329.

III. Die Problematik isolierter Mittelplanung

Dieselben Überlegungen gelten für eine *isolierte Mittelplanung*. Ich möchte mich in diesem Zusammenhang zunächst gegen die Auffassung abgrenzen, daß ein Finanzplan ein quantifiziertes Regierungsprogramm im Sinne einer umfassenden Aufgabenplanung sei oder einmal darstellen könnte. Ich meine damit nicht allein die Finanzplanung, so wie sie sich konkretisiert hat in den letzten Jahren, sondern jede wie auch immer denkbare Finanzplanung. Ganz ohne Zweifel ist die Finanzplanung ein essentielles Element jeder Aufgabenplanung; ich werde darauf noch näher zurückkommen. Aber die Aufgabenplanung nur von den Restriktionen der „verfügbaren" Ressourcen her zu sehen, ist ein Weg, der, wenn er isoliert gegangen wird, meines Erachtens zum Scheitern verurteilt ist. Wenn man sich die Finanzplanung ansieht, dann muß man an ihr die vorzugsweise Input-Orientierung kritisieren; eine Input-Orientierung, die eine Aufgabenorientierung schwer zuläßt. Dies gilt insbesondere dann, wenn die Finanzplanung, so wie sie heute angelegt ist, primär eine konsistente Verplanung der „verfügbaren" Ressourcen ist, also eine Planung, bei der die Widerspruchsfreiheit des Gesamtmitteleinsatzes deutlich vor der Prioritätensetzung im einzelnen rangiert. Dieses (im Zusammenhang mit der Finanzplanung als eine Art vorweggenommener Haushaltsrechnung der zukünftigen Jahre) hat überdies einen negativ zu bewertenden Zementierungs- oder Prolongationseffekt, der bestehende Strukturen eher schützt als sie — wie immer wieder erforderlich — in Frage stellt. Der Ausweg kann hier nur darin liegen, daß in den Finanzplanungsprozeß und den Finanzplan stärker aufgabenorientierte Elemente eingebaut werden und die bestehenden Ansätze zur Aufgabenplanung Ressourcendimensionen unlösbar von Anfang an einbeziehen. Dieses ist aber ein Problem — das sehen die Finanzplaner ganz genau wie die sogenannten Aufgabenplaner —, das organisiert werden muß. Das ist der Kernpunkt meines Themas: Wie kann man so etwas organisieren?

IV. Die Problematik isolierter Methodenplanung

Wenn ich von der isolierten Zielplanung und der isolierten Mittelplanung weiter gehe, ist zu konstatieren, daß vielfach die Auffassung vorherrscht, man könne mit einer isolierten *Methodenplanung* im wesentlichen das erreichen, was als Aufgabenplanung erforderlich ist. Das „Postulat" lautet hier: Man fixiere die anzuwendende Methodik, so wie wir sie am ausgereiftesten in der Form des PPBS (Planning Programming Budgeting System) kennen, und strebe daneben gleichzeitig eine Erfolgskontrolle an. Ich spreche hier von der ausgereiftesten Form, weil hier der Zusammenhang zwischen Zielen, Programmen, Realisierungsmöglichkeiten, institutionellen Verfestigungen aufgezeigt wird, in einer Summe die erforderlichen Durchführungsmöglichkeiten geprüft werden und die Kontrolle angestrebt wird. Die große Schwierigkeit beim PPBS als dem am weitesten fortentwickelten Planungsansatz ist aber wie bei jeder isolierten Methodenplanung diejenige, daß die Vergleichbarkeit der ihnen zugrunde gelegten operativen Zielsetzungen nicht gegeben ist und auch kein Weg angegeben wird, wie die isoliert geplanten Programme untereinander vergleichbar oder bewertbar gemacht werden. Im übrigen folgt das PPBS in der amerikanischen Tradition dem — methodisch unhaltbaren — logischen Deduktionismus hinsichtlich einer Ziel-(Mittel-)Hierarchie, von dem ich schon gesprochen habe. Dieses ist aus dem Entstehungsbereich des PPBS heraus verständlich, denn im Bereich der äußeren Sicherheit und der Rüstung müssen in die Zukunft greifende strategische Ziele vorgegeben werden, um überhaupt Waffensysteme planen zu können.

Die generelle Anwendung des PPBS in den USA hat dazu geführt, daß man stillschweigend auf die Bezeichnung PPES (Program Planning and Evaluation System) umgestiegen ist. Hierauf hat CHRISTIAN BÖCKENFÖRDE[2]) hingewiesen. PPES möchte ich übersetzen mit „Man plane das Programm-Evaluierungs-System". Das ist etwas anderes als die vier Schritte, die eigentlich in PPBS enthalten sind: Planung, Programmierung, Budgetierung und Erfolgskontrolle. Zwar hat PPBS in diesen logischen Kategorien eine Anlage mit utopischem Charakter und insofern einen hohen heuristischen Wert; doch etwa zu glauben, die Anwendung irgendeines solchen Rezeptes würde unsere Probleme insgesamt lösen können, halte ich eindeutig für irreführend. Dieses gilt nicht generell für alle Planungsaufgaben, sondern speziell für die Aufgabenplanung der Regierung, die ich hier in den Vordergrund stelle; nicht jedoch etwa für isolierte Fachplanungen, wie sie beispielsweise im französischen Ministerium d'équipment public eingeführt wurden. Hier wird das PPBS eher induktiv angewendet, indem nicht die logische Gedankenkette von der Planung über die Programmierung bis zur Budgetierung und Kontrolle gegangen wird, sondern der umgekehrte Weg: Zunächst wird gefragt, welche Aktivitäten vorliegen, um diese in einem nächsten Schritt in Programme einzuordnen; erst dann werden die zugrunde liegenden Ziele formuliert und die Frage nach der Rationalisierung und Systematisierung der Ziele gestellt. Dieses Vorgehen wurde bei Straßenunterhaltungsprogrammen (Schneeräumung, Instandsetzungsarbeiten u. ä.) angewandt. Hier handelt es sich im Gegensatz zur komplexen Aufgabenplanung um Aufgabenplanung auf der Mikroebene, der bereits die Zielentscheidung sowie die Festlegung des institutionellen Bezugrahmens vorausgegangen ist.

Ich möchte jedoch meine Ausführungen mehr auf die Makroebene beschränken. Damit werden im folgenden die isolierten Fragestellungen der Nutzen-Kosten-Analysen, von Operations Research, linearer Programmierung ausgeklammert und für den Themenbereich der Aufgabenplanung auf der Makroebene zugleich grundsätzlich in Frage gestellt. Denn: Alle diese Methoden der mathematischen Optimierung setzen voraus, daß Ziele, Nebenbedingungen, strukturelle und funktionale Beziehungen bekannt *und* exakt zu formulieren bzw. empirisch (= ökonometrisch) im einzelnen zu bestimmen sind. Das sind grundsätzlich zwei Dinge.

Um zum Abschluß dieses Punktes zu kommen: Isolierte Methodenplanung im Bereich der Aufgabenplanung ist schwierig, weil die Anwendbarkeit der Methoden an enge Voraussetzungen geknüpft ist, die im Prozeß des konkreten Regierungs- und Verwaltungsvollzuges in aller Regel nicht, noch nicht oder prinzipiell nicht gegeben sind und auch wohl auf lange Zeit nicht gegeben sein können. Mit anderen Worten: Es mangelt an der für die praktische Umsetzung erforderlichen Operationalität. Dieses gilt im übrigen genauso für eine Planung, die isoliert ein bestimmtes Produkt als Ziel des Planungsprozesses benennt und meint, daß mit der Benennung dieses Produktes bereits der Planungsprozeß in die richtige Richtung gelenkt werden kann bzw. schon gelenkt ist.

V. Die Problematik isolierter Zuständigkeitsplanung

Der vierte Weg, der vorgeschlagen wird, ist der der isolierten Zuständigkeitsplanung. Das ist die traditionelle Methode, mit der die deutsche Regierungs- und Verwaltungsorganisation sich den Fragen der Aufgabenplanung gewidmet hat.

---

[2]) C. BÖCKENFÖRDE: Institutionelle Probleme von Aufgaben- und Finanzplanung am Beispiel der USA. In: „Der Staat", Heft 3/1971, S. 289—309.

Zuständigkeitsplanung kann ich vielleicht am Beispiel der Bundesregierung deutlich machen. Die Richtlinienkompetenz des Bundeskanzlers nach Artikel 65 GG, die auf der einen Seite zum Ressortprinzip, auf der anderen Seite zum Kabinettprinzip in einem Spannungsverhältnis steht — wobei das Kabinettprinzip weitgehend untergegangen ist —, bedeutet, daß der Kanzler zunächst einmal die Prärogative hat, Zuständigkeiten herzustellen, nämlich Personen zu benennen und ihnen Geschäftsbereiche zuzuweisen, die diese nach dem Ressortprinzip in eigener Verantwortung wahrnehmen. Diese Zuständigkeiten der Ressorts werden in der Folge weiter in Abteilungszuständigkeiten und in Referatszuständigkeiten aufgeteilt, wobei dann die Referate die kleinste Einheit sind, in der selbständig Zuständigkeiten wahrgenommen werden können. Es wird gewissermaßen Aufgabenerfüllung durch Aufgabenverteilung angestrebt.

Dieses System der Aufgabenverteilung hat aber entscheidende Nachteile; sie sind bekannt, ich möchte sie daher nur durch einige Kürzel einführen. Die Nachteile ergeben sich als Konsequenz der Auffassung, daß es möglich sei, Zuständigkeiten vollständig und überschneidungsfrei aufzuteilen, identifizierbare Geschäftsbereiche zu schaffen, die im *wesentlichen* von dieser Einheit wahrgenommen werden können. Daß Zuständigkeiten verteilt werden, stelle ich in keiner Weise in Frage. Nur muß man diesen Prozeß zu optimieren versuchen; man muß sehen, daß Aufgabenerledigung oder Aufgabenplanung durch isolierte Aufgabenverteilung auch entscheidende Nachteile gebracht hat. Man kann sie umreißen mit den Stichworten „Maximierung der Referatsfunktion", „negative Koordinierung", d. h. in alle Richtungen wuchernde Urproduktion der Referate und Abschneiden der Interdependenzen aus der Interessenlage der entscheidenden einzelnen Einheiten. Im weiteren Prozeß der Abstimmung, d. h. oberhalb der Referatsebene, tauchen dann nur noch strittige Fälle auf. Das Kabinett ist damit weithin nicht eine Instanz, die politische Zielvorgaben setzt und die darauf abgestellte Produktion von unten hervorlockt; es versucht eher, der Urproduktion von unten Herr zu werden und sie zu verarbeiten. Der Schreibtisch des Ministers und des Staatssekretärs ist oft jeden Tag voll bedeckt mit ihren Ergebnissen, und beide sind damit ausgelastet, die Aktenberge abzuarbeiten. Das ist natürlich auch wichtig, wichtiger wäre aber, die Produktion der Referate zu steuern und zu kanalisieren, ihr sozusagen einen Schritt der Zielvorgaben vorzuschalten; die Zuständigkeitsverteilungsplanung sollte eingeordnet werden in eine Planung der Zielvorgaben, wobei ich hier mit Zielvorgaben Aufgabenpakete meine.

Unser Regierungs- und Verwaltungssystem hat zweifellos auch große Vorteile. Der fachliche Sachverstand kann in den Referaten am allerbesten organisiert werden, und hier läßt sich Problemnähe, Nähe zu betroffenen Gruppen und Verbänden auch artikulieren. Jede Reorganisation müßte darauf achten, daß diese Vorteile nun nicht etwa abgeschafft werden. Es kann sich also nicht darum handeln, etwa anstelle der Maximierung nun eine Minimierung der Produktion zu setzen oder die Produktion an eine neue Stelle — etwa eine sogenannte zentrale Planungseinheit — abzugeben, sondern nur darum, eine Optimierung durch organisatorische Vorkehrungen zu ermöglichen.

Ich will daher meine Aufmerksamkeit jetzt auf die Frage lenken, inwieweit die Zuständigkeitsverteilung, d. h. Aufgabenerledigung durch Aufgabenverteilung, beibehalten werden sollte. Das ist zweifellos auf der Projektebene der Fall; die Frage ist nur, was als Projekt oder Maßnahme identifiziert wird. Aber schon auf der Programmebene ist heute in vielen Fällen eine eindeutige ressortmäßige Verantwortung nicht mehr möglich. Auch hier sehe ich den Organisationserfahrungen anderer Länder mit großem Interesse entgegen, ob etwa durch die Schaffung eines neuen Ministeriums für diese Aufgaben die Probleme geringer werden. Ich fürchte, sie werden eher größer werden, denn z. B. bei den Umweltfragen handelt es sich eben um einen Aspekt, der heute eigentlich durchgängig auf den verschiedensten Ebenen fachlicher Planung Berücksichtigung finden muß. Man muß also auf der Programmebene, das wäre meine These, Koordination und Kooperation besonders organisieren; man muß Prämien auf Zusammenarbeit setzen. Die Prämien stehen im Moment ausschließlich auf der isolierten Maximierung der Produktion in den vorgegebenen institutionellen Einheiten. Davon hängen die Karrieremuster der einzelnen Beamten ab, davon hängen die Realisierungschancen der Projekte ab.

Heute ist ja das, was das Kabinett passiert, häufig schon in einer Kooperation der kleinsten Entscheidungseinheiten mit den daran Interessierten derart vorprogrammiert, daß eine echte Wahlmöglichkeit auf Kabinettsebene weithin nicht gegeben ist. Dieses Verfahren kann man überhaupt nur ändern, indem man in einem Vorlauf versucht, Programme — ich meine hiermit Programme mit gewählten Handlungsalternativen — zu formulieren; und um diese Handlungsalternativen, diese Ziel-Mittel-Durchsetzungsaspekte formulieren zu können, brauche ich konzeptionelle planerische Tätigkeit. Meine weitere These ist die, daß man diese nicht zentralisieren und so die Planungsüberlegungen in den Ressorts ersetzen kann; Bundeskanzleramt oder eine andere Stelle auf Kabinettebene können nur Koordinierung und Kooperation ermöglichen und gewissermaßen den institutionellen Drang erzeugen, daß ein abgestimmtes Gesamtkonzept zustandekommt, daß also das isolierte Nebeneinander vermieden wird: Also nicht Zentralisierung, sondern Dezentralisierung mit besonderen Elementen der Abstimmung zwischen den verschiedenen beteiligten Entscheidungseinheiten, auf die ich gleich zu sprechen komme.

Ich setze damit nicht auf die Richtlinienkompetenz des Kanzlers, sondern ich setze primär auf das Kabinettprinzip. Das ist ein ganz entscheidender Punkt, denn die extensive Auslegung der Richtlinienkompetenz würde in letzter Konsequenz, wenn sie durch eine zentrale Planung ausgefüllt werden sollte, zu einer Aushöhlung des Ressortprinzips führen. Abgesehen von der verfassungsrechtlichen Seite ist außerdem das Problem der verwaltungspraktischen, der regierungspraktischen Seite zu sehen: Ein solcher Prozeß der Zentralisierung wäre gar nicht organisatorisch zu bewältigen.

VI. Aufgabenplanung als Planung von Querschnittsaspekten

1. Ressourcen

Damit komme ich jetzt zu meinen Ausgangsüberlegungen zurück, den Beziehungen zwischen Aufgabenplanung als der übergreifenden Regierungsprogrammatik auf der einen Seite und den Fachplanungen auf der anderen Seite. Aufgabenplanung muß im wesentlichen darin bestehen, daß ich die für den politischen Entscheidungsprozeß wichtigen Querschnittsaspekte, oder wie immer ich sie bezeichnen will, systematisch identifiziere und organisiere, d. h. ich muß zwischen der Fachplanung und der Aufgabenplanung der Gesamtebene Querschnittsplanungen systematisch kreieren und ansetzen. Eine solche Querschnittsplanung haben wir mit Bezug auf die Finanzplanung in den letzten vier oder fünf Jahren entwickelt. Sie ist insofern ein Torso, weil sie nicht alle Ressourcenelemente umfaßt, die eigentlich zu berücksichtigen wären. Zwar ist die Finanzplanung an die gesamtwirtschaftliche Zielprojektion der mittleren Frist gebunden, zwar sind darin bestimmte Arbeitsmarkt- und Vollbeschäftigungsvoraussetzungen eingegangen, aber gleichwohl haben wir keine in der Ressourcenplanung festverankerte Berücksichtigung der kritischen Engpässe, kritischen Kapazitäten im Arbeitsmarktsektor, Gastarbeiterprobleme und vieler andere Dinge mehr; hier haben wir nur erste Ansätze. Ich würde in diese Richtung der Ressourcenplanung (wobei die Finanzplanung der mittleren Frist ein Teilausschnitt ist) noch das Sozialbudget einordnen, das zweifellos einen ersten Rahmen für den längerfristigen Finanzmitteleinsatz eines Parafiskus oder für ein System Parafisci darstellt. Auch das Sozialbudget ist als Ressourcenplanung anzusetzen und nicht unter eine andere Kategorie zu bringen, auf die ich noch kommen werde.

2. Raum- und Strukturbezug

Auf der Länderseite sind die Planungen im wesentlichen vom Bereiche der Raumplanung ausgegangen. Ich möchte als einen zweiten zu organisierenden Querschnittsaspekt oder Raster diesen Aspekt des Raumbezugs setzen, der für die strukturelle räumliche Fortentwicklung, das Siedlungsgefüge und die damit zusammenhängenden Fragen eine zentrale Rolle spielt. Bund und Länder artikulieren gerade diesen Aspekt erstmals auf Bundesebene in Gestalt des Bundesraumordnungsprogramms. Hier haben wir einen sehr wesentlichen Punkt, vor allem für die räumliche Planung öffentlicher und privater Investitionen. Hier ist eine Zielkategorie, an der man absehen kann, wohin die Entwicklung voraussichtlich gehen wird. Dabei stellt sich des weiteren die Frage, inwieweit eine regionale Entscheidungsdimension mit der sektoralen Konsistenzprüfung zukunftsgesicherter Wachstums- bzw. Entwicklungspolitik untrennbar verknüpft zu sehen ist, was auch zu organisatorischen Folgerungen führte.

Die Frage ist nun aber, welche weiteren Querschnittsaspekte neben der Ressourcenplanung (von der ich gesagt habe, daß sie in nuce vorhanden ist, aber ausgebaut werden muß) und der Raumplanung gesehen werden müssen.

Drei Ebenen möchte ich zur Diskussion stellen, ohne daß ich sage, daß dies einen Abschluß bedeutet und ohne daß ich sagen könnte, sie sollten oder könnten sofort in die Tat umgesetzt werden.

3. Sozialchancenbezug

Ein Querschnittsaspekt betrifft die Artikulation wichtiger sozialer Grundsatz- und Zielaspekte, die in unserer Gesellschaftsordnung heute allgemein anerkannt werden. Dabei handelt es sich wesentlich um die Forderungen nach mehr Gerechtigkeit, Sozialstaat, Chancengleichheit. Gemeinsame Elemente der Bildungsplanung, der Sozialpolitik, der Kranken- und Gesundheitspolitik sind ja nicht allein der Raum- oder Finanzaspekt, sondern auch der Aspekt, wie die Menschen von dieser Politik in speziellen Situationen als Gruppe oder als Individuum betroffen werden. Wir haben gegenwärtig fast keine Möglichkeiten, diese Wirkungen der Politik auch nur annähernd zu erfassen. Sozialbericht und Sozialbudget sehen einseitig auf die Konsistenz der Gesamteinnahmen oder der Gesamtausgaben der Sozialversicherung, sind also eine Art Sozial-Finanzplanung. Der Aspekt, der übergreifender Natur ist und der durch eine Sozial-Finanzplanung nicht transparent gemacht werden kann, ist die Frage, wie sich z. B. eine erhöhte Abiturientenquote auf die Start- und Zugangschancen verschiedener Schichten auswirkt.

Mehr als Arbeitshypothesen haben wir dabei bisher nicht; Arbeitshypothesen, die den Schritt von den „Zielen" der Bildungspolitik zu den zu ergreifenden Maßnahmen unmittelbar vollziehen, ohne daß eine Problemanalyse, eine Kriterienwahl wirklich stattfinden konnte. Wissen wir, wie sich die Reorganisation unseres Schulwesens tatsächlich auswirken wird? Wir wissen nur, daß die Wirkungen, wenn wir Kindergärten in einer bestimmten Weise anlegen oder Vorschulklassen organisieren, je nachdem, auf welche Gruppe konkret gezielt wird, ganz unterschiedlicher Art sein werden. Wir haben bisher keinen Weg, diese Auswirkungen und Zusammenhänge systematisch zu erhellen. Dies sind Entscheidungsdimensionen, etwa die Sozialchancen, die meiner Ansicht nach gleichfalls in einer systematischen Aufgabenplanung Berücksichtigung finden müssen, wobei für die Sozialchancen die Bezüge Bildungspolitik, Gesundheitspolitik, aber auch Verkehrspolitik und Strukturpolitik zu sehen sind.

Die Lösung dieser Frage mit Hilfe der bekannten Distributionsstatistiken halte ich für nicht möglich; denn zum einen: Wie sollen Distributionswirkungen als Inzidenz von (finanziellen) Einkommen an letzter Stelle identifiziert und quantifiziert werden? Man muß darüberhinaus sehen, daß die soziale Situation des einzelnen nicht allein vom Einkommen, das ihm nach den diversen Abzügen zur Verfügung steht, abhängig ist, sondern auch von den Verfügbarkeiten öffentlicher Leistungen und Nutzungen. Das sind alles Fragen; Antworten können dazu erst unvollständig gegeben werden. Ich meine aber, daß man diese Aspekte in einer Gesellschaft, die mit Recht auf Gleichwertigkeit und Einheitlichkeit der Lebensbedingungen sowie auf Startchancengleichheit so großen Wert legt, organisieren muß. Ich sage ausdrücklich, daß diese Querschnittsaspekte — also: wichtige Grundsatz-, Ziel- und Instrumentalaspekte unserer Gesellschaftsordnung — organisiert werden müssen. Wenn man das versäumt, tritt genau das ein, was wir in den letzten Jahren unter der Devise „Who comes first, is first served", also wer zuerst kommt, zuerst mahlt, erfahren mußten; ein Argument, das mit Bezug auf die Finanzplanung aufgetaucht ist.

4. Organisation der Aufgabenerledigung

Als weiteren Querschnittsaspekt möchte ich eine Dimension anführen, die man meiner Ansicht nach gleichfalls systematisch anlegen muß. Ich will sie die „Ordnungsdimension" nennen. Dies ist die Frage nach der prinzipiellen Organisation der Erledigung der öffentlichen Aufgaben. Welche Aufgaben, die vom Gemeinwesen wahrzunehmen sind, sollen eigentlich in welcher Weise wahrgenommen werden? Die Finanzplanung geht bisher praktisch nur in die Blickrichtung „Was öffentlich ist, muß auch öffentlich finanziert werden". Ich halte diesen „status-quo-Ansatz", bei dem das Schwergewicht der Diskussion zudem bei der Frage der Konsistenzprüfung von Einnahmen und Ausgaben liegt, für nicht ausreichend. Allenfalls erstreckt sich die heutige Diskussion auf die Deckung sich ergebender Salden in bezug auf deren Finanzierung über Steuern oder Kredite. Es wird aber nicht systematisch die Frage gestellt, *welche* Aufgaben können, sollen, müssen eigentlich durch Steuern finanziert werden, welche können, sollen, müssen eigentlich parafiskalisch erledigt werden, welche können, sollen, müssen eigentlich durch Gebühren und andere Regelungen angepackt werden? Ich meine aber nicht nur diese Dimension der Finanzierungskategorien, sondern ich meine genauso den Fragenkomplex „Was ist eigentlich Staat" oder „Heißt größere Komplexität der öffentlichen Aufgaben automatisch mehr (im traditionellen Verständnis) öffentliche Ausgaben, mehr Staatsbeamte"?

In Zusammenhang mit diesen Fragenkomplexen ist bei der heutigen Umweltpolitik ein zentrales Problem zu identifizieren: In der Öffentlichkeit wird die Debatte über Umweltprobleme häufig allein unter dem Aspekt geführt, was der Staat dafür ausgibt bzw.

ausgeben sollte. Ich meine, daß hiermit eine weithin irrelevante Kategorie angesprochen wird. Es kommt darauf an, daß der Staat — und nur er kann dies — die *Instrumente* verfügbar macht, entwickelt und nutzt, die zur Bewältigung dieser Ausgaben denkbar sind. Der Staat hat datensetzende Funktionen für die privaten Wirtschaftsobjekte und muß diese ausüben. Die Frage nach traditionellen Ordnungsdimensionen, die Frage also, wo die Grenze zwischen öffentlichem und privatem Bereich liegt, wäre in diesem Falle viel zu einfach gesehen, da das Problem mehrdimensional ist.

Im Gegensatz zur Umweltpolitik, die die Privatisierung sozialer Kosten als Leitgedanken aufgegriffen hat, wird in der Bildungspolitik die Vergesellschaftung privater Kosten angestrebt. Dies ist nicht unproblematisch, denn es ist offen, wie die Interessen und Anreizparameter der einzelnen Individuen und Personengruppen darauf reagieren werden. Auch dieser Aspekt muß, so meine ich, systematisch in den Planungsprozeß einbezogen und organisiert werden. Der Versuch der Reduktion der komplexen Fragestellungen der Aufgabenplanung auf einige wesentliche Querschnittsaspekte, so wie ich versucht habe, sie aufzureißen, darf aber nicht darauf hinauslaufen, verschiedene Planungen nebeneinander aufzustellen. Vielmehr geht es darum, für Einzelplanungen einen gemeinsamen organisatorischen, sachlichen und zeitlichen Bezugsrahmen herzustellen.

Meine Problemlösungsstrategie ist die, daß Aufgaben in einem Prozeß identifiziert und bestimmte Querschnittsaspekte organisiert werden. Ein Ausgleich der Querschnittsaspekte muß auf Kabinettebene stattfinden, durch Aussprache, Diskussion und Beschlußfassung. Dies ist kein einfacher Weg. Wenn man so will, ist dieses eine Strategie, die Probleme und Konflikte auf den Tisch legt. Aber ich glaube, daß es eine wesentliche Funktion der Planung ist, die verschiedenen Dimensionen von Auswirkungen von Entscheidungen zu identifizieren, bevor die Entscheidungen fallen und nicht erst dann, wenn sie gefallen sind und man später die Auswirkungen beklagt.

5. *Organisation öffentlicher Entscheidung*

Der letzte Querschnittsaspekt bezieht sich auf die Frage der Organisation öffentlicher Entscheidungen und der damit verbundenen Partizipationsbeziehungen. Er betrifft die Ebene der Organisation staatlicher Regierung und Verwaltung und der Organisation der demokratischen Mitwirkung auf den verschiedenen Ebenen. Dieses ist der Aspekt, der hinter den Überlegungen zur territorialen und funktionalen Neugliederung des Bundes und seiner Aufgaben zu stehen scheint. Hier muß auch die Zuständigkeitsplanung eingeordnet werden als ein Problem des Zuschnitts und der Anzahl der Geschäftsbereiche in einer Regierung, z. B. — eine Frage, vor der die Bundesregierung jetzt steht —: Brauchen wir ein Umweltministerium oder brauchen wir ein Europaministerium? Der Vorschlag Pompidous, man möge doch einen Rat von Europaministern schaffen, um so eine weitere institutionelle Voraussetzung für ein ständiges Vorantreiben europäischer Integration zu erhalten, liegt auf dem Tisch. Die Frage für die Bundesregierung ist, ob man ein Europaministerium schaffen kann, das ein Zuständigkeitskonfliktministerium wird, wie es das Entwicklungshilfeministerium vom Grundsatz her ist.

Eine weitere Frage stellt sich auf der Ebene der Ressortorganisation, ob man die alte Referatstruktur beibehalten kann, oder ob nicht zwischen die Abteilungen und die Referate anstelle von Unterabteilungen vielleicht Gruppen geschoben werden müssen, die größere Fachbereiche flexibler behandeln können und nicht in den starren Grenzen der Referatsgliederung handeln. Wie ist die Teilung zwischen Ministerialebene und administrativer Ebene zu sehen, wie die Trennung zwischen politischer Ebene und ministerialer Ebene? All dies sind Fragen, deren Lösung organisiert werden muß, damit die Politiker den ihnen zustehenden Handlungsspielraum auch wirklich erkennen und nutzen können und die notwendige Vorbereitung der Entscheidungsprozesse ermöglicht wird. Hierbei ist auch der Partizipationsaspekt zu berücksichtigen, den ich hier ausdrücklich hervorheben möchte, insbesondere, wenn es sich etwa um Stadtentwicklungsplanung handelt, um Planungen, die die Bürger unmittelbar angehen. Hierbei wird man auch die Optimierung des sachlichen Bezugsrahmens, für den Organisationseinheiten planen können, klar sehen müssen. Es stellt sich u. a. die Frage, ob die Zuständigkeitsverteilung zeitlich befristet angesehen werden kann. Ich weiß kein einfaches Rezept; diese Fragen werden in der Literatur insgesamt unter den Vokabeln „Projektmanagement", „Matrixmanagement" und „Projektgruppen" diskutiert. Ich halte von diesen Organisationsmöglichkeiten viel, sofern sie nicht Dauerregelung werden. Projektgruppen können nur dann sinnvoll tätig werden, wenn sie zeitlich und inhaltlich begrenzt operieren und dann nach Erfüllung oder auch Nichterfüllung ihres Auftrages aufgelöst werden. Der entscheidende Punkt ist, daß es eine Ebene geben muß, in der solche Projektgruppen-Themen identifiziert werden und solche Projektgruppen eingesetzt werden können. Das ist eine Aufgabe, die wesentlich ressortübergreifend-interministerieller Natur ist. In gewisser Weise ist die Planungsorganisation, die auf seiten der Bundesregierung durch die Bestellung von Planungsbeauftragten und die Schaffung der Planungsabteilung im Bundeskanzleramt ins Leben gerufen worden ist, ein erster Versuch, diese Aufgabe zu lösen.

VII. Zusammenfassung

Ich habe mehr Probleme auf den Tisch gelegt, als z. Z. gelöst werden können. Ich meine nur, daß allein dann, wenn die aufgezeigten Querschnittsaspekte systematisch angepackt und organisiert werden, eine Chance besteht, die Komplexität der Aufgaben auf relevante Entscheidungsdimensionen zu reduzieren. Wir stehen in einer politischen Situation, in der die Entscheidungsalternativen eigentlich immer nur „ja" und „nein" heißen dürfen, obwohl die Probleme weitaus komplizierter angelegt sind. Werden andererseits die insgesamt möglichen Alternativen als Entscheidungsgrundlage vorgestellt, sind sie im politischen Prozeß nicht mehr zu überschauen und zu bewältigen. Das einzige, was weiterhilft, ist deshalb, daß Querschnitts- und Entscheidungsdimensionen systematisch aufgezeigt werden und damit der Prozeß der Aufgabenplanung organisiert wird. Wie dieses im einzelnen zu geschehen hat, kann noch nicht abschließend gesagt werden.

Ich möchte zusammenfassen:

Planung der Aufgabenplanung ist für mich Planung der Querschnittsaspekte, also der Kristallisationspunkte, die im Entscheidungsprozeß eine Rolle spielen sollen und müssen. Dieses bedeutet die Forderung nach mehr Komplexität als das einfache dualistische Modell hier „Aufgabenplanung" („output-Planung"), hier „Finanzplanung" („input-Planung") bieten kann. Es zeichnet sich ein interaktives kompliziertes Bild ab, das wichtige Aspekte unseres künftigen gesellschaftlichen Entwicklungsprozesses organisiert und diese damit systematisch und überschaubar in den politischen Entscheidungsprozeß einzubeziehen helfen kann.

Forschungs- und Sitzungsberichte
der Akademie für Raumforschung und Landesplanung

Band 67: Raum und Finanzen 1

Steuerstatistiken
als Grundlage raumwirtschaftlicher Untersuchungen

Inhaltsübersicht

Seite

Prof. Dr. Heinrich Hunke, Hannover	Das Sozioökonomische Raumgefüge in Bayern und Niedersachsen-Bremen 1935—1968; eine Zusammenfassung als Einführung	1
Dr. Josef Sieber, München-Grünwald	Zur ökonomischen Aussagekraft steuerstatistischer Ergebnisse	31
Dr. Josef Sieber, München-Grünwald	Der Ballungsprozeß in Bayern im Spiegel der Steuerstatistiken	41
Dr. Arno Schröder, Hannover	Der Ballungsprozeß in Niedersachsen-Bremen im Spiegel der Steuerstatistiken	135

Der gesamte Band umfaßt 213 Seiten; Format DIN B 5, 1971; Preis 40,— DM

GEBRÜDER JÄNECKE VERLAG · HANNOVER

Forschungs- und Sitzungsberichte
der Akademie für Raumforschung und Landesplanung

Band 75: Raum und Finanzen 2

Der Anteil der Ballungsgebiete an den öffentlichen Haushalten unter besonderer Berücksichtigung der Investitionen

— dargestellt an den Beispielsräumen Bayern und Niedersachsen-Bremen —

Inhaltsübersicht

Seite

Heinrich Hunke, Hannover	Öffentliche Aktivitäten und Raumordnung	1
Friedrich Schneppe, Hannover	Methodische Hinweise	17
Josef Wirnshofer, München-Gräfelfing	Der Anteil der Ballungsgebiete an den öffentlichen Haushalten unter besonderer Berücksichtigung der öffentlichen Investitionen in Bayern	31
Friedrich Schneppe, Hannover, und *Ingrid Tornow,* Hannover	Der Anteil der Ballungsgebiete an den öffentlichen Haushalten unter besonderer Berücksichtigung der Investitionen in Niedersachsen-Bremen	139

Der gesamte Band umfaßt 250 Seiten; Format DIN B 5, 1972; Preis 40,— DM

GEBRÜDER JÄNECKE VERLAG · HANNOVER